做自己的微光，
讓心底的傷緩緩開出一朵花

做自己的微光，
讓心底的傷緩緩開出一朵花

做自己的微光
讓心底的傷
緩緩開出一朵花

張恩嬅 —— 著

雖然現代女性相比過往，擁有了更多權力跟自由，但是實際生活上依然有很多枷鎖。我們擁有了追逐夢想的自由與可能性，但是依然不能放下眾多的家庭責任，而身為女性該有的美貌，也成了我們該追求的目標。這些應該，在無形之中壓得我們喘不過氣來，似乎擁有了更多，但也需要承擔更多。

在經營自媒體的這幾年，我製作了上百部真實劇場系列短劇，其中，最容易引起觀眾回響的那幾部作品，大多與現代女性的矛盾生活有關。那些矛盾，就像是：女孩可以展現自己的身材，但如果發生不好的事，那是因為妳不懂得保護自己；女人被鼓勵著追求夢想、追求事業的成功，但同時也必須跟過往一樣扛起照顧家庭的責任；女人除了要會賺錢，也要維持美麗的外表，更要懂得經營家庭；女人既然追求兩性的平衡，就不應該跟男人要錢，就算是家庭主婦也要懂得賺錢。上述這些矛盾，牽引著現代女性的每一天，彷彿一睜眼，就要為這些期待而活。

為了這些矛盾的期待，一路來我們受了多少的傷。

而受了傷的我們，真的知道怎麼修復自己的心嗎？

我總覺得生命就是一個圈，我們一路成長以來，必定經歷了大大小小的傷，而那些傷被治癒後，能在我們內心開出各種花朵，在未來能幫助到其他人，而我們最終能從幫助別人的過程，成就我們自己。

希望，能藉由這二十五個故事，讓讀者能回溯自己的人生，能學會愛自己而不再內耗。隨著我們的年齡增長，身上的標籤越來越多，我們留給自己的時間與空間越少。正因如此，我們更要學會愛自己，花一點時間回想我們的過往，將過去的傷醫治，將逝去的愛保存，將現在的自己活成我們真正嚮往的模樣。

但願，我們都能真正為自己而活，不是任性妄為，而是用自己的方式走完這生命的圈，並同時感嘆生命每一刻的美好。

Chapter 1

寫給在愛裡躑躅的人

——

Chapter 2

寫給職場上徘徊的你

——

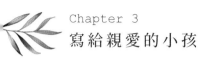

Chapter 3

寫給親愛的小孩

Chapter 4

寫給心底隱隱的傷

Chapter 1

寫給在愛裡
蹣跚的人

為愛流淚一百次，

也要創作自己的專屬劇本

愛自己的選擇，
寫自己的劇本

「恭喜妳搬家囉！新社區看起來不錯！」她微笑帶著入厝禮去好友家，稱讚著好友家的新社區、新裝潢、新電器。

歡樂餐聚結束後，好友送他們到停車場，當好友轉身離開的那一剎那，她的臉立刻垮下來，臉上的笑容再也回不去，她隱藏不了心裡的鬱悶。

她回到家，那是一間不知何時會都更的老舊公寓。車子停好後，還要走五分鐘路程，爬樓梯才能到家。從好友家回來直到上床休息，這過程中她沒有跟老公說任何一句話。老公也刻意忽略她的異狀，繼續躺在床上滑手機。

「葳葳之前也住我們這邊，現在一下子就搬去住這麼好的地方。」她不忍了，內心有股莫名的熊熊烈火逐漸往上竄，說話的語氣也有些顫抖。

「所以呢？」老公繼續滑手機，那完全不在意的模樣，讓她內心的無名火越燒越大。

「什麼所以呢？你就沒有一丁點羞恥之心，覺得我們輸了嗎？」她從床上坐了起來，火冒三丈地質問，每一句話都說得咬牙切齒。

「什麼輸贏？新社區管理費高，公設多，不像我們那麼實坪。」

「你少在那邊找藉口！你就是賺得沒有她老公多，還敢說這些！」她將老公的手機搶走，惡狠狠地把話說出來，氣勢就是要逼著他認罪。

「他們家做生意，錢賺得比較多，家裡又幫忙出頭期款，我們又沒有！」老公安靜了幾秒，按捺住脾氣，試著為自己，也為這個家找個台階下。

「沒本事就沒本事，輸了就是輸了。」顯然她無法滿足於老公的回應。

當天晚上，她怎麼樣也睡不著，一個人坐在客廳思考。心裡的不平衡壓得她喘不過氣，憑什麼她會輸給葳葳。

她們從學生時代就認識，她的功課比葳葳好，長得也漂亮，人緣也比較好，而葳葳一直以來就像是她的小跟班，跟在

她的旁邊、沾她的光、受她的照顧。

出了社會，她進到人人羨慕的外商公司工作，名聲大、福利好，而葳葳只是在本土企業裡當個業務，每個月為了業績拚命工作。

其實，她自己很清楚知道，她之所以會跟葳葳當朋友，是因為葳葳能襯托出她的優秀，而她很喜歡這種優越感。

隨著時間流逝，她趕在邁入三十歲之前結婚，接著懷孕生子，本來就沒什麼事業心的她，生了孩子之後，也沒有急著回到職場。

老公的性格溫和、為人體貼，他是公務員，工作穩定，薪水也是固定的。婆家的經濟狀況算是小康，兩人結婚時，公婆給了他們一間屋齡二十多年的公寓。

雖然房子不新，但是裝潢了一番，房子內跟新的建案沒什麼兩樣，她精心挑選家中的家具，將家裡布置得很溫馨，她原本也很滿意。

葳葳比她晚結婚生子，嫁了一個創業青年，說要一起打拚。當時，她還很不看好他們，更暗地裡慶幸老公的鐵飯碗。

不過，努力的人終究會有回報，葳葳夫婦的創業之路越走越順，過了幾年，他們已經買下附近最好的一個社區的房子，生活越過越好。

她不甘心也不能接受，從以前到現在都輸給她的葳葳，怎麼突然間翻了盤。憑什麼？到底憑什麼？她比葳葳優秀這麼多，現在的生活卻過得比她差。

從葳葳的新家回來後，她無法控制自己不去抱怨生活中的大小事，以前幾乎沒有跟老公吵過架，現在基本每天必有一吵。

她越來越不快樂，看什麼都不順眼，看什麼都不滿意，所以她也斷了與葳葳的聯繫，假裝沒有看到就不會在意。

直到過農曆年時，她與老公帶著孩子外出旅行，回家經過葳葳他們的公司，看到裡面依然燈火通明。

此時葳葳剛好走了出來，認出他們的車，對他們揮了揮手。許久不見的葳葳，雖然臉上掛滿笑容，卻遮掩不住一臉的倦容。

雖然葳葳的公司生意很好，但是這是他們用休息時間換來

的結果。就連春節，也因為要接國外的訂單，必須一直待在公司裡加班。

當她看著葳葳一家人在公司過年的模樣，反觀自己卻能跟一家人外出旅行，突然之間，她不再糾結那些「憑什麼」了。人生有捨有得，他們用時間與精力換來了事業的成功，理所當然。

雖然，她的老公端著鐵飯碗，但是有固定休息時間，也能夠陪伴孩子，她的家庭穩定安樂，這不就是她一直以來想要追求的幸福與快樂嗎？這就夠了。

她會選擇她老公，除了愛，也是因為她喜歡安安穩穩的生活，換作是她，不會像葳葳一樣選擇一個創業型的男人。

而且說實在話，她沒有辦法像葳葳一樣，為了工作與事業付出這麼多心力。葳葳擁有她無法做到的毅力跟努力，她不得不在內心暗暗佩服。

其實只要選擇自己所愛，並且愛自己所選，就足夠了。一味嫉妒別人，陷入各種「憑什麼」的計較中，都只是內耗。

人生的各個階段都是暫時的，

相互比較只是徒增煩惱。

不要追求不屬於自己的未來，

每個人都擁有自己的專屬劇本。

醒醒吧！
收起妳的聖母光輝

—

「如果連我都放棄他了，就沒有人會愛他了。」她淚眼汪汪的看著朋友，期待朋友能支持她繼續愛著「壞男人」。

朋友深深嘆了一口氣，認清眼前這位聖母般的女人，是無法清醒的。這一切有跡可循，她的原生家庭也有個壞男人。

她的父親是個浪子，有時候會回家，但大多時間都處於消失狀態。對於她這個女兒，父親會在見面時送些禮物，但大部分的時間裡他完全不在乎。

幸好，她有一個很堅強的母親，一個人把她拉拔長大，給她安穩的生活跟讀名校的機會。在她的生命裡，她的父親就像個大爛人，而母親就像女超人一樣厲害。

母親老早就放棄了父親，為了不讓父親影響到她，母親帶著她搬到很遠的城市，斷絕與父親的聯絡。

不過當她長大後，她喜歡的類型竟然都跟父親有點類似。

她的男朋友們都是長相帥氣，帶點藝術家氣質的壞男人。
即便朋友們一再告訴她，這種類型的男人不可靠，但她就
是喜歡。她一次又一次在感情中受傷，卻一次又一次選擇
同一種男人。

又一次，她與一個放蕩不羈的壞男人交往。

剛開始，她感到無比幸福快樂，每天都享受在愛情當中。
但是，好景不常，交往幾個月之後，男友開始跟她借錢。
再後來，男友開始搞消失，她常常一整天都聯絡不到人。

甚至在她生日那天，她前往兩人相約的餐廳，等到餐廳都
打烊了，還是沒有看到男友出現。

當天晚上，她淋著雨哭著走回家，心裡也想著要分手。但
是，當男友來找她，說了些甜言蜜語後，她又心軟了。

朋友看不下去，紛紛出言相勸，希望她能找正常一點的男
人交往。

「他借錢是因為他爸爸生病了，他也是孝順啊！我是他女
友，借給他一些錢又有什麼關係？」

「他消失是因為心情不好，才不是劈腿找其他女人！他只是需要喘息空間。」每當面對朋友們的質疑，她總是替他找各種藉口，只為了證明，她這次的眼光沒有錯。

直到有一次，男友再度消失了好幾天，再出現時，精神呈現恍惚，她擔心的多問了幾句男友的行蹤，卻被男友壓在地上毆打。

朋友看著她臉上的傷，想要帶她去通報家暴時，她又開始找理由：「他動手是因為喝醉，不是故意的，他保證不會再有下一次了。」

「如果連我也放棄他，那誰要拉著他往對的方向？他想不開怎麼辦？」

漸漸的，朋友也不再勸她了，只能讓她繼續為男友耗盡所有心力。而她始終認為，男友就是需要她，她有拯救及感化他的使命與責任。

多年過去了，男友還是沒有什麼改變，甚至越走越偏，不僅劈腿成性、賭博吸毒，最終被送入監獄。她的青春換來男友的背叛，但她還是打算繼續等著男友出來。

然而，男友在監獄中經歷了母親的過世，也被宗教改變教化，出獄時，已經是截然不同的樣子，奇怪的是，她卻提出分手。

朋友與家人都對她的決定感到很不能理解，她卻怎麼也找不回當初一心只愛男友的衝動。

多年後，曾經的壞男人成了別人的好丈夫，開著一間小咖啡廳，過著平靜安穩的生活。而她，再次與類似的壞男人交往，在感情世界中載浮載沉。

有一天，她偶然來到這間小咖啡廳，兩人客套聊了一會，他就去忙著煮咖啡。

看著他與妻子擁有的幸福家庭，對比著自己沒有未來的愛情，她開始陷入沉思，甚至心裡有些怨天尤人，怎麼好人沒有好報。

她氣著自己，並且嫉妒前男友擁有的婚姻，更怨自己怎麼還在愛情中受苦，矛盾的心情讓她很難受，她找朋友抱怨，沒想到朋友的幾句話點醒了她。

「男人不壞妳不愛，是不是他們的壞才能凸顯妳的好，我

們越勸妳越愛？」

「還是說，有沒有可能，妳其實是想要彌補些什麼？」

當天晚上她仔細回想了過往的愛情，發現每一個男人都像同一個人。這些男人的影子，最後拼湊出他父親模糊的身影。

或許，她一直以來想要拯救的，是那個被母親徹底放棄的父親；或許，她一直以來想要證明的，是她值得被父親好好珍惜與對待。

當天晚上她哭了很久，被埋在心底深處的傷痕，也開始漸漸清晰，傷口也因此有了被治癒的機會。

她時不時會突然流淚哭泣，像是為了父親，為了母親，也為了自己。此時，她才真正接受失去父親的事實，也才真正明白母親當初的決定。

等到她心底的傷口癒合後，壞男人對她不再有吸引力，她開始真正尊重自己，也珍視在愛情中被尊重的感覺。

她揮別了不對的對象，也過了幾年單身的生活。當她再次

遇到愛情時，對方尊重她，也愛她。

她試著換一種方式去愛，收起她的聖母光輝。

她才體悟到，對等的愛才能建立起真正的愛情。

每一個人生階段，都需要學會放下，

特別是那些讓我們感到無能為力的人與事。

愛情的基本是互相尊重，

只有付出沒有回報的愛，不能換來平等的關係。

懂得自身價值的人，才能接受別人的好，

並給予真正愛的回應。

天秤的兩端都是愛，
只要計較就不快樂了

「婚姻，哪有什麼公平不公平？」母親吃著飯，笑著對她
說。

或許，因為她是天秤座，所以凡事都要達到所謂的公平。
好像，每件事都要放在心中的秤測量過，才能被平衡滿足。
就連愛情也是。

她與每一任男友交往，都堅持 AA 制各付各的。男友送她
多少錢的東西，她都會在心中記錄起來，在不久的未來，
找個合適的機會，也回送等值的東西。

如果，她感覺男友少給她愛，她也會同步減少對男友的關
心。這樣看似斤斤計較的關係，在外人看來有點不可思議，
甚至難以想像，畢竟愛要如何被衡量，誰也說不準。

但是，這百分百的公平，卻是她放不下的人生準則。

她很害怕那種被透支的無力感，害怕被佔便宜、被別人當

笨蛋的感覺，會讓她回想起自己的母親，為了父親無怨無悔，結果換來被背叛的結局。

她才不要像母親一樣，賠了夫人又折兵。她要活得精明又獨立，不讓人佔一絲一毫的便宜。

然而，她的愛情卻一直很不順利，凡事都要平衡過的關係，長時間下來誰都受不了。直到有一天，她遇到一個金牛座的男人，不曉得是不是星座的關係，兩人很契合。

這個男人也習慣所有事情都要公平，吃喝玩樂的錢要平分，一切都非常公平，彼此沒有爭論，沒多久他們開始論及婚嫁。

男友是單親家庭，又是獨子，希望能與父親住得近一些，這樣他能方便照顧年邁的父親。但是，她也是單親，媽媽也同樣需要她的陪伴，她思考許久，最後因公公出房子頭期款而妥協。

不過，結婚後的婚姻生活，卻讓她越來越不快樂，因為他們越來越無法公平。

每個週末，他們都需要到公公家吃飯，所以她幾乎沒有時

間回娘家陪伴媽媽。家事也是，先生的工作時常需要加班，平日裡，家事幾乎都是她在承擔。但是，家裡的開支一樣是 AA 制，甚至，房子的貸款她也要付一半。

她在心中盤算著，感覺婚姻裡的天秤越來越失衡了。先生也感覺出她的不悅，為此，先生會買一些小禮物送她。

但是，當她懷孕看過一些生產紀錄片後，她心裡的天秤又再一次失衡，甚至開始焦慮不安。她想著，她為了生一個孩子犧牲這麼多，夫家也沒打算給她什麼對等的回饋。

「妳公公有付房子的頭期款啊！房子不是妳跟老公的名字嗎？」

「孩子也是妳的啊！等孩子生出來，妳就不會這樣想了啦！」當她跟母親抱怨時，母親總能找到許多理由回駁她的計較。

「妳就是因為太樂觀，婚姻才會被背叛。」面對母親的樂觀，她常在心裡這樣反駁。

等孩子生出來之後，看著孩子可愛的臉龐，她確實忘掉要追求的那些公平。但是，當孩子晚上哭鬧要找媽媽，怎麼

都不要爸爸的時候，她又開始不平衡了。

她的孩子出生沒多久後，弟弟也結了婚搬出去住，母親卻在這個時間點突然病倒了。當她帶著孩子回娘家探病、又塞在路上時，她心中那些不平衡的情緒最終爆發了。

她打電話給先生，瘋狂咆哮抱怨：「你十分鐘就可以到家照顧你爸，憑什麼我媽生病，我花一小時都還到不了？」

「為什麼你家事做這麼少？小孩還顧這麼少？你都沒有羞恥心嗎？」

「不是說好要公平的嗎？怎麼什麼事情都變得不公平了！」她哭喊著她的委屈、她的不平衡、她的憤怒，而先生一句話也沒說。

她找了藉口說要照顧母親，必須在娘家多住幾天，實則是不想再回到那個不公平的家，她不要再付出了。

當母親聽完她的抱怨後，只覺得好笑。「這世界上哪有什麼事是公平的？太計較，不快樂的是自己啊！」

這也是她第一次聽到母親對於自己婚姻失敗的真實想法：

「雖然我為了妳爸付出很多，也失去很多，但我有妳跟妳弟，現在妳爸爸反而孤單一人。」
「人生有捨有得，差不多就好了，怎麼計較都計較不完，到最後不快樂的是自己。」

「彼此互相溝通，互相學習，好好經營婚姻。不然，妳真的要因為這些理由而離婚嗎？」

她認真思考母親的話，其實她沒有要離婚的意思，只是太在意公不公平這件事。

坦白說，老公已經算很不錯了，他懂得她的不平衡，也盡可能地彌補，只是，她太害怕她的付出跟退讓，在先生眼裡會變成理所當然。

她也清楚明白，很多事情是一體兩面。工作時常要加班，不是先生願意的；會住得離公公家近，是一開始就講好的；小孩黏她，則是正常的哺乳期現象。

或許該調整的，是她內心深處的恐懼。

當她回到家中，試著與先生溝通所有的不平衡，也了解到先生的苦衷。現在，每當她的不平衡警鈴又響起時，她會

先忽略，試著理性看待事情。

母親說的一句話，時常提醒著她：「愛，本身是無法被衡量的，有本事愛人的人，才是真正幸福的人。」

婚姻中從來就沒有公平，

只有各種互相：

互相包容，互相溝通，互相協調。

在日常生活中減少計較，

多加上互相，

相處才能融洽，關係才能長長久久。

大齡又如何？
就是喜歡這樣的自己

「妳到底什麼時候要結婚啊？我都急死了！」

「都快四十歲了，還不趕快生個小孩給妳媽抱金孫？啊！現在還沒有對象？」

「我們公司有一個不錯的男生，要不要介紹給妳認識？」

過年的年夜飯，都是她最想逃離的時刻，因為每年都會面對同樣的問題。她很納悶，好像一定要她帶個對象回家，這些親戚才會停止問這些問題。

或許，這些長輩真的只是關心，只是這份關心，只會讓她感到沉重跟壓力而已。

說坦白的，比起婚姻，她更嚮往工作與職場。她從小到大就是工作狂，在學期間就打了很多工，畢業就衝事業，一提到工作，衝得比誰都快。

她是全班最早拿到碩士學位的，更是同期同事之間最快升遷的。但是，她卻沒怎麼認真談過戀愛，只有幾段結局無疾而終的曖昧。

不過，她也不怎麼在意，反正合則來、不合則去，她也已經想好了，就算這輩子一個人過，她也很樂意。

只是，她樂意，周遭的人可不這麼想。

她有一個哥哥，在出社會後不到五年就跟大學女友結了婚。兩人沒什麼積蓄，所以小倆口只能先住在婆家。

起初沒有什麼問題，但是，住在一起久了，問題逐漸一一浮現。哥哥常常被困在婆媳關係中，每天除了工作，還要調節家裡人的各種情緒。

雖然如此，她的父母還是希望她能像哥哥一樣，早一點組織家庭穩定下來。

「妳也不想想看自己已經幾歲了，還拒絕別人主動提的相親！」在一次她拒絕了老家鄰居安排的相親之後，母親氣急敗壞的數落著她。

「我光看照片就知道他不是我喜歡的類型！那我幹嘛要去？」

「那妳喜歡什麼類型？」

「我……也沒有特別喜歡什麼類型，反正就是看不順眼！」

「我看妳就是不想結婚，想當老姑婆一輩子啦！」

她也說不上自己的理想型是什麼樣，只知道自己對婚姻真的提不起勁。她對愛情與婚姻的藍圖一片茫然，但是她對工作與職涯規劃卻無比清晰。

當她二十八歲時，已經當上跨國公司的亞洲區業務代表；三十多歲時，已同時經營多個副業，年收入破千萬。邁入四十歲時，她經營的公司已經上市，在業界也是響叮噹的存在。

她的職涯對於大多數人而言，進展相當快，發展也是同溫層中的第一名。可是不知不覺間，她發現身邊的每個朋友都進入婚姻、生了小孩，她察覺到在婚姻這件事上，她是同溫層中的最後一名。

「三十四歲以後就是高齡產婦了，產檢要加做羊膜穿刺耶！」
「年紀大帶小孩很累耶！早一點生比較好啦！」

「妳賺這麼多有什麼用？又沒有小孩能夠繼承。」

幾個朋友都在勸她，跟朋友吃飯，話題總是圍繞在這些事情上。她曾經一度懷疑，這些朋友是不是收了她母親的錢來當說客？還是，到了這個年紀，大家對她的期待就真的只有結婚生子？

她不知道答案是什麼，只知道母親很急，一直怕她嫁不出去。她被母親的各種情緒勒索逼迫，只能試著想要改變。

「或許，真的找一個對象也不錯吧？」

她拿了親戚介紹的對象的聯絡方式，與對方見面吃飯。也試著用交友 APP 在網路上找網友，設定條件，希望找到心儀的對象。

然而，每次當她這麼做的時候，她總覺得自己在浪費時間。她有一搭沒一搭跟對方聊著，卻總是神遊到工作的事情上。與其坐在高級餐廳跟這些對象吃飯，不如窩在她的辦公室工作。

愛情難道不是應該自然而然開始的嗎？她不習慣這種為了結婚、帶有目的性的相親式交友。

況且，她明明覺得一個人很好，像她現在養著一隻貓咪，全心全力工作，休息時就喝杯啤酒，看平板追劇。她用自己賺的錢買喜歡的名牌包與化妝品，週末時間，她去爬山面對大自然，覺得一切自在開心。

她既不想花時間約會，也不想因一段關係讓自己消耗疲累。既然不想，又為什麼要因為社會的標準來 PUA 自己呢？單身狗又怎樣？大齡女子又怎樣？她就喜歡這樣的自己。

於是，她刪除了交友 APP，也拒絕親朋好友其他的相親介紹。她知道，每年回老家還是會被問一樣的問題，母親還是會時不時情勒她。

可是，她真的只想一個人過著自己的生活，做著自己真心喜歡的事情。感情隨緣自在，她不想被社會壓力束縛，不想被外界影響自己的人生。她覺得這樣的自己，才能活得自在又美麗。

畢竟，不是所有女人都需要擁有婚姻，才算完整。

到了適婚年齡，社會親友的壓力鋪天蓋地。

只要做好自己、充實自我，

享受一個人的生活，不被外人干擾，

就是證明自己，活出自我的方式。

豪宅不是我的家，
家是避風港

———

她看著狹小的租房，房子比她原先居住的透天豪宅有很大的差距，卻是她最真實想要的家的模樣，也是自結婚之後，她第一次真正做回自己。

「結婚後，妳該成為一個好媳婦，照顧好婆家。」
結婚前，從小看著她長大的阿姨特別叮囑她。

結婚後，婆家也把「好媳婦」看得比什麼都重要。

「下班回來就是先做飯啊，不然大家吃什麼？」

「地板一天就是要拖兩次！記得不能太溼會滑倒。」

「寶寶哭了，妳趕快過去看一下怎麼了啊！」

小自 LINE 群組婆婆發文，她戰戰兢兢要馬上回覆，大到家族祭拜，她從凌晨起就不能睡，要挑燈夜戰做準備。她在婆家做的一切都被視為理所當然，因為這都是乖巧懂事

的好媳婦該做的事。

婆家是興旺的大家族，逢年過節是親戚到訪的時刻。她必須跟著婆婆跑上跑下，還要被全家族的人用放大鏡檢視。

因此，每到逢年過節，她常常抱著孩子落淚，感到心力交瘁。她任勞任怨希望融入家族，但怎麼做都沒有用，怎麼做都像個外人。

「妳是北部人，可能不知道我們這邊的傳統。」

「本來想要我兒子娶鎮長的女兒，但是他喜歡妳，沒辦法。」

或許，因為她就是個外地人，所以怎麼做都沒有用。她不像婆婆的娘家，是當地望族，不用多做什麼就有優勢。她的娘家在北部，只是一般普通家庭，但是她也曾經有過好的工作，為了愛情才嫁來南部。現在她使出全身力氣，只為了爭取一個在婆家的歸屬感。

她不敢與娘家人多說什麼，她也試著與老公溝通，老公也曾試著解決婆媳之間的問題，但卻像卡在兩人之間的夾心餅，既不能解決問題也讓婆家的人越來越不開心。久而久之，老公也逐漸不再介入她與婆家之間的溝通，面對她的

不開心，也好像裝作沒看見。

「他是我兒子，妳不要老是讓我兒子為難！」

「天字出頭就是夫，妳要好好照顧他，而不是讓他煩心！」

她感到好挫折，為什麼老公的人生就可以不顧一切海闊天空？她卻只能坐在這大大的透天厝裡，看著天井壓抑自己當個好媳婦？

直到有一天，婆婆為了小事發脾氣，一氣之下用力摔了玻璃杯！玻璃飛濺，差點割傷孩子，地上全是碎玻璃，她好怕孩子亂跑踩到。

當天晚上，她默默在被窩裡哭泣，孩子敏銳地察覺到她的情緒。

「媽咪，我們可不可以搬家？我不想要每天看妳哭哭。」孩子的童言童語，讓她意識到自己軟弱的樣子，不是孩子的好榜樣。

這是壓垮好媳婦的最後一根稻草。為了孩子，她必須要勇敢搬出去。

之前，為了成為人們眼中完美的好媳婦，她忍氣吞聲。現在，為了給孩子立下榜樣，她要勇敢踏出這個框架。

她能預想一場家庭革命的發生，但她絲毫不後悔。經過一段時間的溝通與抗衡，他們終於搬出去了。

他們一家三口搬出百坪大的婆家，住進一間小公寓。

雖然房子的總面積連原本的十分之一都不到，但是她再也不用當完美媳婦，不用每天為了融入大家庭而膽顫心驚。這裡是她的家，而家，就應該是避風港。不需要特別想辦法融入，因為家本就是包容與接納。

不論是否同住一個屋簷下，

婆媳問題永遠是千古難題。

傳統的「好媳婦」像一道枷鎖，

在婚後牢牢套住女人。

請記住，

婆家眼中的完美媳婦並不存在，

唯有真實做好自己，

才能找到讓雙方都能平衡的相處模式。

有一種看不起，
叫自己看不起自己

―

「妳老公的家庭背景這麼好，好羨慕妳耶！」結婚前，她周遭的朋友都很羨慕她能有機會得到綠卡。

結婚後，她也盡力將自己融入這個人人羨慕的家庭之中。

她的先生從小住在美國，妥妥一名香蕉男孩，黃皮膚的外表下有一顆白人心。而她是道地台灣女孩，但是外文能力很好，人也長得漂亮，先生很疼愛她。

「雖然我們的文化背景不相同，但是愛可以勝過一切！」結婚時她自信滿滿地想著，那時對婚姻還有著許多美好想像。

確實，婚姻初期兩人渡過浪漫的每一天，直到她的公婆與小姑，因著疫情搬回台灣後，她開始感受到無形的壓力，還有說不出來的尷尬感。

住在附近的小姑，常常來家裡做客，一家人時常中英文自由切換著聊天，當他們聊起過往在美國的生活時，她發現

自己一句話也插不上。

她一直以為自己頂大畢業、英文不錯，但是沒有在國外居住生活過，她對於夫家過往的美國生活完全沒有共鳴，只能在一旁不懂裝懂的陪笑。

除了沒有同樣的文化背景，連生活習慣也大不相同。

吃牛排時刀叉位置擺錯了，小姑會指正她；點了太多外賣，公婆也會反映，希望她盡量自己下廚。

「自己煮比較乾淨健康，其實很簡單啊！肉烤一下搭配一下 salad，再煮個湯就好了啊！」

婆婆說得很輕鬆，但是當她真的下廚時，婆婆又開始在旁邊指點。

「妳這個烤箱沒有預熱不行！這樣肉會不熟！」
「salsa 醬的味道不是這樣，妳沒有吃過嗎？」

她開始覺得生活變得複雜，原本叫個外賣就能解決的小事，現在變成一堂堂美式餐飲課。夜深人靜時，心底的委屈開始浮現，那種感覺自己矮人一截的情緒揮之不去。

明明她也是父母捧在手心的公主，從小到大過著不錯的生活，一直以來也都是別人羨慕的對象，怎麼現在過著每天被糾正的日子。

她逐漸失去了快樂，而相由心生，曾經光鮮亮麗的外表逐漸失去了光芒。好強的她一直沒有把自己的自卑跟先生訴說，害怕說出口，這些內心的矛盾就會變成事實。

直到某個連假，先生終於比較有時間陪伴她，才在家中的聚會間發現她的不快樂。那一天，先生與她深聊，她才敞開心房一吐為快。聽她娓娓訴說，先生對於她的自卑以及怕被別人看不起的想法，感到十分驚訝。

「其實很多時候，先回到自己的本心，問題不在他人，而在自己。」先生告訴她：「當妳覺得別人都瞧不起妳的時候，或許是妳自己已經先瞧不起自己了。或許，別人只是善意的提醒，但是因著自卑感，惡化了別人的出發點。」

「有一種看不起，是自己看不起自己。」

與先生深聊後，她開始調整自己的思維。每當公婆又聊起美國的事情時，她會告訴自己：「不要想太多，沒有人針對妳。」

同時，她也鼓起勇氣，直接加入對話，詢問公婆及小姑她不懂的事情。他們很高興聽到她的參與，也很開心地分享美國文化與過往的生活經驗。

因著她的態度調整，大家的關係逐漸變好，原先的隔閡也漸漸消失。她不再糾結於自己與夫家的文化背景不同，也慢慢找回過往的自信。

她才發現，原來，自卑就像是把雙面刃，傷害自己的同時，也無意間讓對方感受到你投射的防備之心，關係當然不能往好的方向發展。唯有相信自己，才能營造出對等的關係。

接受自己的一切，也接納別人的優點，

透過相互學習才會有真正的磨合。

當我們願意放下無謂的堅持，真心接納新事物，

事情會變得和諧，人際互動會轉而柔軟，

當我們不再那麼敏感脆弱，

就不需要一直保護自己了。

不是你不好，
是我不相信自己配得上你的好

—

「我想，我沒有辦法真正好好與一個人交往。」她閉上眼睛，想著男友失望離去的背影，吸了一口菸，試著想用辛辣的菸味蓋過內心的鬱悶。

她喜歡過人，也愛過人，但是好像每一段感情到了穩定階段，她就想要破壞。

就像前幾天來求和的男友，他們那段已論及婚嫁的感情，也被她粉碎了。自從男友提出結婚的想法後，她就開始感受到壓力，開始逃避與男友的見面與約會。

男友對於她反常的舉動感到一頭霧水，也試著想要解決兩人之間的問題，甚至懷疑她是不是愛上其他人，殊不知，看不見的敵人才是最可怕的。

她開始挑剔男友的不好，想找他的缺點，但是在男友對她好的時候，內心卻生起罪惡感。

「我不想要一直這樣吵架，我們分手吧！」最後，她找到了一個通俗的理由，名正言順提出了分手。

她內心知道是自己無理取鬧，也知道男友的溫柔體貼，但是，這麼好的他，怎麼會真心想要跟她走一輩子？

儘管男友盡可能努力挽回，她還是不斷地拒絕。直到男友最後一次來求和時，他說了重話：「這是我最後一次來找妳，如果妳還是不接受，我不會再來了。」

然而，他最終抵不過她的冷漠，轉身離去。

她在男友離開後，忍不住走到陽台，望著他離去的背影，她知道，他是真的離開她了。此時，心裡出現一個聲音：「果然，最終還是沒有人會堅定的選擇我。」

她以為很愛她的他，最後還是走了，果然跟其他人一樣。她知道這一切是自己造成的，可是她控制不了內心的恐懼。

每一次都是這樣，越接近幸福，恐懼就會越大。她害怕自己真的從此依賴對方，也害怕失去，更怕自己會習慣安逸與穩定，最後無法離開。

她害怕有一天自己依賴的人會拋棄她，而她會承受不了。所以，每一次感情趨向穩定時，她就忍不住想要挑戰它。

「如果有可能會失去最愛，那我寧願沒有擁有過。」她眼眶含淚跟朋友訴說自己的荒唐邏輯。

可能朋友會覺得她矯情，但是她的恐懼很真實。那種失去最愛之人的痛苦，她真的不想要再經歷了。

在父母離婚時，她的母親沒有爭取她的撫養權，她第一次感到被拋棄了。到了父親二婚時，父親將她交給奶奶照顧，她又被捨棄了。

當她長大後，她清楚理解，父母在面對各種難處時必須取捨。只是，深埋在內心的傷痕，已經成了一種信念：她不值得被選擇。

或許是這樣的信念，讓她內心渴望堅定不移的愛，但是又害怕真正擁有它。對於想愛她的人來說，她的心就像一道緊鎖的門，他們始終只能在門外徘徊，就算想愛也無法真正靠近。

在跟前男友分手沒有多久之後，她開啟了一段新戀情。只

是，這一段戀情從一開始就不對等，她是第三者。

這是她第一次當別人感情中的小三，而不對等的感情，反而讓她感到很輕鬆。

她不怎麼在意對方愛不愛她，也不想特別維持這段關係，反正在她感到寂寞的時候，一通電話就能讓他出現來陪她。

可是，她內心卻沒有一丁點談戀愛的感覺。

沒有任何盼望的感情，說穿了只是各取所需的炮友，假裝正在跟彼此談戀愛，不過真相如何，彼此都心知肚明。

這樣的感情，讓她漸漸對愛情麻木，反正從來沒有擁有過，就不會害怕失去。

直到多年後，她在一場商業酒會上，遇見了前男友，見到他的那一刻，她內心突然湧起過往被愛的記憶。

突然之間，她無法克制地熱淚盈眶，她快速擦掉眼淚，看向遠處的他，卻又自卑地不敢上前，最後轉身離去。

當天晚上，她拒絕了人夫打來的二十幾通電話，最後她傳

送了訊息，希望斷掉這一段沒意義的感情。

經過多年沉澱，她認知到前男友的愛曾經真實存在過。那一份遲來的被愛感覺，給了她一點點自信，似乎自己是能夠被選擇的，有人會真的愛她。

她知道自己沒有資格去打擾對方，或再去挽回什麼。但是，為了對得起曾經愛過自己的人，她應該要自愛。

這一次，她不再用性或是下一段感情，來填補她內心的缺口。

當她想起童年那些不被愛的感覺時，她學會用被愛的感覺來治癒。當她感到寂寞時，她會正視內心的孤寂，並與其相伴而不抵抗。

漸漸的，她感覺到，黑暗房間裡的小女孩開始成長，她感受到自己內心有力量，不再那麼敏感跟害怕失去。

雖然可能還要再經過一段路程，但她相信，總有一天自己能接住別人的愛。在那之前，她必須讓自己健康起來，才不會再次與真心擦肩而過。

感情中的恐懼，

很多時候不是另外一半真的做了什麼，

而是因為過往對愛感到失望的經驗，

讓自己的內心住著一個夢魘。

恐懼是一種細菌，會讓愛變質，

讓一段感情的旋律走調。

永遠不要讓你的過去，

影響現在感受美好的機會。

改變男人的聰明方法

——

「柴米油鹽醬醋茶，是婚姻中最難的學分。」

她錄製著 Podcast，語重心長和聽眾分享她在婚姻中的遭遇。她相信她的問題，也是許多在婚姻中的女性會碰到同樣的難題。

「我的老公完全不做家事，我們時常為這種雞毛蒜皮的小事吵架。」家事雖然簡單，卻是每天都會遇到的課題。

她掃地，他拖地，她煮飯，他洗碗，這種基本的家務分工，只停留在蜜月期的回憶，現在要她的先生做家事，除非有奇蹟發生。

她像是專屬的高級管家兼女傭，每天睜開眼就要開始處理大大小小的事：管理家務、教養兩個孩子、照顧公婆，還要想辦法維持好自己的狀態。

即使再累、即使生病，她也不能請假，家裡的事情還是要

由她處理。而先生除了出門工作之外，回到家就像她的大齡兒子，等著被她照顧。

他有時候也像個盲人，看不到灰塵也看不到髒污。有時候彷彿嗅覺也失靈了，垃圾發出酸臭他也聞不到。有時候更像是一個聾子，對於她的喊話叫罵聲置若罔聞。

算了，聽不見還好，他聽見的話，說不定他們反而會吵得更兇。

「反正這就是我的生活方式，妳不要管。」

「亂一點有什麼關係，妳看不下去妳自己弄啊！」

大家都說，結婚是為了讓生活水平變得更好，但她一點也不這麼認為。雜亂的房子她看不下去，她也不想讓孩子在這樣的環境中長大，所以她動手做了所有家事。但是多年下來，她感到委屈又憤怒，她做得超過負荷，既沒有加薪也沒升官。

偶爾難得先生帶孩子去公園玩耍，鄰居看見之後大加誇讚，把他形容成是會幫忙的新好男人。

憑什麼家事都是女人的責任？憑什麼男人做個家務就叫做好男人？

她明明有著不錯的學歷跟能力，也能賺錢養家，為什麼結婚生子之後，就要在家容忍這一切？

「離婚吧！」

有時她會這樣想，朋友也會這樣勸，可是為了孩子，她又捨不得放不下。

娘家的父母聽到她想離婚，三天三夜睡不著，紛紛勸她忍耐，還不停拿出她老公的諸多優點給她洗腦。

「他也不是完全不好啊，他會拿錢回家，他很疼小孩耶！」
「妳都不知道外面很多男人都沒有他這麼愛小孩，妳還嫌！」

「妳有需要為了一點家事，就狠下心不要這個家了嗎？」

她很困擾，也不知道該怎麼辦。

「你們知道，我後來怎麼解決的嗎？」她微笑錄著 Podcast，與聽眾分享這無解的千古家庭難題。

有一天，趁著陽光普照，一次洗了三桶衣服與被單。當她在忙，先生帶著兩個孩子去公園，為了趁機可以玩手遊。

殊不知，先生遇上教會主日學的家長，那天剛好都是爸爸帶孩子出來。幾個爸爸們聊了起來，聊著帶孩子與做家事的辛苦，先生似乎被影響了。

當天晚上，晚飯後先生難得說要去倒垃圾，她驚訝到原地不動。

「該不會是外遇了吧？」她對先生的突然改變，起了疑心。

當天晚上各種試探性的問話下，才得知先生下午遇到其他爸爸，或許是因為面子，也或許是雄性動物間的潛移默化，總之效果產生了！

她訝異於先生的改變，雖然只有一點點，但總是前進了一小步。

於是，她默默開始與主日學孩子們的媽媽建立起關係，三不五時辦一下聚餐，讓先生與其他爸爸有更多機會相處。

「我上個週末做了一桌的菜，厲害吧？」其中一位爸爸翻

出手機照片，跟大家炫耀自己的高超廚藝。

「我最近發現一款很好用的除塵吸塵器，你們看，可以吸這麼多灰塵。」一位３Ｃ控的爸爸，將知識發揮在家電上，炫耀著打掃成果。

原來，要改變男人，只能靠雄性之間的良性競爭才管用。Men's talk 時先生只能在旁邊聽著，什麼也說不出口，因為他什麼都沒做。

「雖然現在我還是承擔比較多的家事，但至少他開始改變了。」她透過 Podcast 跟其他女性分享，鼓勵著聽眾，要用聰明的方式改變男人。為了能說上話，先生開始主動做家事了

「婚姻都是學習，也是彼此一起成長，只要願意改變，一切都不會太晚。」

男人與女人是兩種不同的動物，

大部分的男人，一輩子都在追求競爭感，

與其對著他不停碎唸，

不如優雅地創造一個競爭環境，

讓他自動自發走上改變之路。

這個世上只有不願意改變的人，沒有改變不了的人。

用對方法溝通，才能有效達到溝通目的，

不再對牛彈琴。

爲自己勇敢一次，
幸福不會太晚

——

「永遠都不會太晚。」她輕輕放下咖啡杯，淡然說了這一句話。

一年前，她為了先生情感外遇，變得憔悴不堪，跟現在漂亮又從容的樣子比起來，簡直判若兩人。

「我沒辦法離開他，我已經四十幾歲了，我真的沒辦法獨立，我不知道該怎麼活下去。」

她跟先生交往了五年，兩人結婚了十年，共育有三個孩子。然而，十五年的感情又有孩子為基礎，看似堅固，實質脆弱無比。

藝術家性格的先生，喜歡上一同工作的鋼琴手，兩人才認識不到幾個月。她從一開始的懷疑，到親耳聽到先生的告白，看著先生熱戀的模樣，她完全無法接受。

「因為我們還沒離婚，所以她不願意跟我在一起。」即便

對方還沒正式回應先生的追求，先生已經急著要證實這段感情，好像反而她這個妻子，在這段感情中，才是阻擋先生跟真愛在一起的第三者。

她忍著不掉淚，看著先生著急想離婚的模樣，她的心被撕成碎片，為了不要再更加難堪，她努力假裝不在意，即便她已經輸得徹底。

「爸爸不要我們了，爸爸要跟別人在一起了！」當她抱著三個孩子，她只能脆弱的倚靠著孩子們痛哭，完全失去了當母親的堅韌。十五年的感情基礎，對於沒有情、沒有心的人來說，都只是一場空。

當時的她很害怕面對只有自己的未來，也擔心三個孩子會無法承受破碎的家庭。但是，極度緊繃的關係跟破碎的婚姻，讓她每天以淚洗面，更無法照顧好自己與孩子。

她試著透過忙碌的生活來壓抑情緒，但是她還是無法克制的回想這十多年的感情。當先生再度跟她談到離婚的話題時，她總是一拖再拖，她受了傷也不想讓他這麼好過。

「不管怎麼樣，我都不會跟他離婚的！憑什麼他可以得到幸福！」

她寧願待在這樣殘破不堪的婚姻，也不願意放手，她不甘心那十多年的青春跟付出。朋友一開始試著開導她，到最後也只能當個稱職的傾聽者，無法為她做任何決定。

「媽媽，妳不要哭哭了，我們不要爸爸了。」

當她撞見先生跟第三者在一起時，她的大女兒心疼的擦掉她的眼淚，毅然決然說出他們三個孩子的決定，但是她依然選擇不願放手。除了不甘心，她更害怕面對離婚後的未知。

不論旁人提供多少幫助跟建議，只有當自己願意下決心突破，困境才能真正被翻轉改變，恐懼才能轉變成勇敢跨出去的果實。

看著現在宛如重生的她，朋友不禁問：「妳是怎麼突然有勇氣離開前夫的？」

她想了想，說：「因為死亡。」

原來，正當她在經歷前夫外遇的那段時間，她的一位親戚突然離世。當她幫忙操辦喪禮，看著親戚的死亡、親友的哀傷，讓她真實感受到「人生只有一次」。

「當我認知到人生只能活一次的時候，當下反而覺得自己怎麼不勇敢一次？」或許，當她意識到生命的珍貴，就從那一刻起，她從死亡中重生了。

雖然，當她去戶政事務所簽字的時候，心裡還是會隱隱作痛。雖然，當她搬離兩個人一起設計的房子時，那晚她哭了好久。

但是，當她勇敢踏出一步，她得到的是更健康、更漂亮的自己，也更有能力照顧自己與所愛的孩子們。

婚姻的目的不是相守到老，

兩人攜手是為了享受生命，

也是為了在這個艱辛的世界裡，

能有個人單純地只愛著你。

如果這份單純的愛不再，就到了該放手的時候。

只要願意改變、為自己勇敢，

妳絕對有能力讓自己過上幸福的生活。

追求幸福，永遠不會太晚。

Chapter 2
寫給職場上
徘徊的你

別再恨鐵不成鋼，
我們只能做自己的英雄

人生沒有捷徑，
踏實走向夢想之地

——

「有點事，妳進來辦公室一下。」

她猶豫了片刻，但是為了與主管維持好的關係，她還是進了主管的辦公室。直到主管從背後抱住了她，她才發現自己掉入成人陷阱。

「妳長得這麼好看，外語能力又不錯，未來一定發展很好。」

「晚上沒事吧？一起去跟客戶吃個晚餐。」

起初，主管說這些話的時候，她並沒有覺得被冒犯，甚至還有點沾沾自喜，認為是自己長得夠漂亮才會被誇獎，能力夠好才能外出應酬。

直到她在飯局中被開玩笑，傳東西被摸了手，甚至在酒局中被灌酒，那些她曾以為的讚美，都變成了壓迫、不舒服，甚至噁心的感覺。

雖然如此，她卻從來沒有拒絕過。不能拒絕，拒絕就沒有工作了。她這樣強逼自己忍耐。

有時候，當主管又對她毛手毛腳時，她的眼神看向同事，希望同事幫忙解圍，偏偏事與願違，身邊的同事們都選擇了沉默。

她知道沒有人能救自己，所以只能選擇繼續沉淪。久了就習慣了，戲棚底下站久了，就能得到想要的所有。

老實說，她確實得到了，她比同期的同事更早成為小主管，薪水與權力都高人一等。她在同事之間走路有風，但是她也知道，背地裡同事們把她講得有多難聽。

她只好欺哄自己不要在意，只需要在意她所得到的一切就好。然而，主管的動作卻越來越曖昧。一直到那天，她在辦公室差點出事，她害怕崩潰，全身發抖，才猛然驚覺，沒有什麼比保護自己更重要。

勇敢站出來吧。她和內心懦弱的自己說。

她試著向公司申訴公開，最後卻沒有下文，甚至還得到主管反駁：「我以為妳也很願意，這是妳情我願，我不明白

妳現在申訴的意思。」

她愣在原地，原來她的不拒絕，在別人眼裡是欣然接受。

她換了一份薪水較低，暫時不再有職場性騷擾的工作。這裡無法和上一份工作相比，但至少她感覺踏實了。

畢竟，這世上沒有什麼捷徑，任何事都需要付出代價。

她試著與朋友談心，試著寫日記，試著看書，試著看身心科。即便很難，她也希望自己能走出來，與過去的那段回憶和解。

同時，她努力增加自己在工作上的專業知識，更認真進修並與同事切磋琢磨。她要讓自己成為一個真正專業的人，而不是一個只能讓他人隨意操控的傀儡。

現在，她更愛自己，散發光芒。偶爾，她還是會被拖進過往陰暗的回憶中。但是，她已經生出療癒溫暖的力量，更勇敢地面對自己的工作和職涯。

人生沒有捷徑，

任何看似捷徑的路，

都有可能讓人付出更殘酷的代價。

忍耐與謙讓並不全然都是美德，

有時反而會讓人誤會，給予可趁之機。

唯有勇敢面對，建立起界線，

才能得到應有的尊重。

腳踏實地一步一腳印，

才能真正走向夢想之地。

關於那些不能改變的事，
我們只能選擇接受

—

「我都要離開公司了，不要來問我了！妳不能自己處理嗎？」

打電話來的是接替她工作的新員工，她知道對方很無辜，但她需要出一口氣。

最近沒有一件事情是順利的，她被迫放棄工作，家人也扯她後腿。內心的負面情緒籠罩了她，就連路人都能感受到她頭頂上的烏雲。

這一份工作，她從離婚後做到現在，已經有五年時光。

公司離家很近，也不怎麼加班，滿足了她身為單親媽媽的需求。工作內容也是她感興趣的外貿業務，付出的努力能反饋在薪資上，而這樣好的工作，卻因為公司的拓展及搬遷，讓她無法再繼續。

她原本想帶著孩子一起隨著公司搬到另一座城市，但是孩

子正逢升學階段，在這個敏感時期讓孩子轉學，勢必會讓原本就高壓的升學期多了其他壓力。

更何況，她沒有後援能幫忙照顧孩子，不得已，只能選擇放棄這份工作。

公司也感謝她這幾年工作的付出，除了支付所有該支付的薪資跟補償，最後還包了年終紅包，也送了高額的禮物，希望能讓她的感覺好些。

可是，她還是無法接受，她付出多年的心血就這樣拱手讓人。想當年她剛進公司時，公司的業務才剛起步沒多久，如今已經上市上櫃。

這中間有多少客戶是她開發來的，有多少大筆生意是她談下來的，她越想內心越不平衡，一直拜託老闆不要搬，可是一切已成定局。

她除了必須面對失業的痛苦，還要重新適應一個新的工作跟環境，在這個節骨眼上，弟弟還出了意外，弟媳也跟她借了一筆急用金。

她那個憨厚老實的弟弟，學習一向不太好，但是個性刻苦

耐勞，在工地做了很多年後，剛剛升上工頭，就在工地裡摔傷骨折。

原本就在緊張工作與錢的問題，在給了弟媳一筆錢之後，她原本焦慮的情緒，更是火上加油，變得歇斯底里。

在她收到第五個面試婉拒信後，接替她原本工作的新員工打來問了一堆問題。在正常情況下，她是很願意做交接的，但碰到這種特殊情況，她情緒失控了。而那位新員工，突然面對素未謀面的她惡言相向時，第一時間選擇了體諒。

當然一開始，她也感到莫名其妙及不悅，但是在換位思考及全盤考量後，她選擇讓自己去接受對方的情緒跟現況，選擇給自己與對方一些時間。

過了幾天，這位新員工鼓起勇氣再次打電話給她。

或許是新員工的語氣很溫和，讓她間接感覺到被同理，兩人交接講不到幾句，她竟然哭了起來。

「我原本想做這個工作一輩子的，誰知道會這樣！」
「我都這個年紀了，大家都不知道我很怕新環境！」

「但是我不能放棄，我還有這麼多人要養。」
人都是這樣，以為人生會一帆風順，但事實上生命並不完美，還會有很多意外。

「妳知道地心引力吧？」新員工突然問她。

「我當然知道，為什麼突然講這個？」

「地心引力是我們不能改變的，只要妳在地球上，妳就只能接受。」

的確，她現在的問題，就像一個地心引力問題，她無法改變只能學習接受。抗拒事實、逃避現實，都只是一個階段，無法解決任何已經發生的問題。

這一通電話，不僅讓她受到了鼓勵，也讓她感受到被同理的溫暖。她知道必須去面對，雖然被迫離開舒適圈，卻也要走出新的道路。

面對人生關卡，只能想辦法接受並解決，

只要願意正向看待，

大部分的困難，都可以變成一種祝福。

除了生與死，這世上的問題不會無解。

只要願意在風浪來臨時乘風破浪，

就能得到難關後面的小禮物。

沒有誰好誰壞，
只是一盤棋

—

「我可以的！加油！」她穿上週末買的新衣，畫上最精緻的妝容，在出門前仔細地打量自己後，為自己加油打氣。

今天是她到職的第一天，身為社會新鮮人的她，很幸運的在畢業前夕就找到了正職工作。雖然，現在她待在一間小公司，職位也不高，但她充滿著熱忱學習。

「只要是我的包裹，送來後要趕快拆開，直接送我辦公室，不然會耽誤工廠的打樣。」老闆在她進來的第一天，就清楚交代這件事情，她也在筆記本記下了。

工作一個月後，老闆在會議中誇她認真，她也開始在工作中找到成就感。

可是，會議後隔了幾天，當包裹送來時，坐在她旁邊的林姐卻叫住她：「包裹我來拆，妳先去幫我跑一趟銀行，我等一下還要開會。」

「喔！好，那麻煩林姐。」她將包裹都遞給林姐，不疑有他先去幫林姐跑腿。但是，隔天下班前，老闆卻氣沖沖地來到他們部門。

「不是說包裹送來要快點送我辦公室嗎？都寄來幾天了，你們還沒拆！」

她轉向林姐正感到疑惑時，林姐已經開口了。

「可能新人忘記了，我現在馬上處理。」

當她聽到林姐的回答，她愣在原地，完全搞不清楚現在是什麼狀況。

「林姐是忘記了嗎？她不是答應說會把包裹送進老闆的辦公室嗎？」

「是林姐真的忘記了，還是我自己聽錯了呢？」各種疑惑的聲音在她的心裡盤旋，但她不好意思問，如果真的是自己會錯意了呢？

「這次就算了吧！」她安慰著自己，並當做是林姐忙到忘記了，也怪自己沒有提醒林姐。

然而，「算了吧！」這三個字竟然變成讓對方軟土深掘的機會。接下來，她背的黑鍋越來越多。

「我有交代她了，可能她太忙還沒做，我會再督促她。」

「我跟她說很多次了，可是她常常忘記。」

「老闆你聽到音樂聲喔？就新人她偷追劇啦，現在的年輕人真的不 OK ！」

她感到很憤怒，為什麼總是她在背黑鍋？是林姐忘了交代事情，卻變成是她忘了做。明明是林姐在上班時間偷追劇，遇到老闆就切換螢幕畫面，現在全推到她身上。

一直到那天林姐請了特休，她才終於找到機會和老闆好好聊聊。

為了這個得之不易的機會，她事先想好該怎麼說，而且每一句話都像弓箭般尖銳。因為箭一旦射出，她就不打算回頭，她也不可能回頭。她有信心老闆會相信她，也相信自己可以得到公義。

但是，當老闆聽她說完所有話之後，沉默了一會。「我知

道了，我會再看怎麼處理。」老闆回應的態度，跟她期待的不同。

她感覺自己可能不被老闆在意。有些傷感的反思，認為自己高估了自己在老闆心中的重量。比起剛到職沒多久的新人，老闆應該更相信待在公司好幾年的林姐。

事實的發展也確實看似如此，老闆非但沒有解雇林姐，反而將她調離了部門。然而，她卻發現，當她離開林姐的部門之後，林姐似乎不再偷懶，也沒有先前的那些狀況。

「在我們部門怎麼樣？習慣嗎？」有天，新部門的主管找她吃午餐，關心問了她的近況。

「漸漸習慣了，蠻好的。」

「聽說妳轉到我們部門，是因為林姐？」

「妳很好奇，為什麼林姐在妳離開部門後，反而變得認真了？」新主管笑著問她，彷彿看穿她心裡所想的問題，隱隱地給出了答案。

原來，林姐確實感到了職場危機，所以做出讓她背黑鍋的

行為。確實，這樣的行為很不道德，但這也是出自林姐對公司的依賴。

職場中，任誰都沒有辦法保持百分百的道德正義。對公司而言，只要沒有危害到利益，員工之間的競爭都是常態。

林姐已在公司多年，除了處理各種大小行政事務外，對公司也算忠誠，屬於不會輕易轉換跑道的穩定員工。只是，員工待久了都會怠惰，需要一些競爭感，初出茅廬的她就成為讓林姐感到危機意識的假想敵。

老闆清楚明白林姐做那些事情的小心思，也懂得怎麼操控局面，在她被調離林姐的部門之後，老闆也找了林姐談話，並給予一些壓力。

在恩威並施的結果下，林姐依舊成為公司忠誠認真的老員工，而她也在新的部門發展順利，原來看似雙贏的結果，其實是公司的一盤棋。

在職場中生存，要習慣利益關係間的拉扯，

沒有誰好誰壞，也沒有百分百的道德，

看清楚了才知道如何獨善其身。

面臨困境時，學習站在高一點的角度看事情，

如此才能看懂一盤棋的原由。

你可以成爲更有溫度的職場前輩

—

「當妳踏入職場的那天起，被別人要求調整，都是正常的。」

她說完這句話之後，抬頭看了一眼站在她面前的新鮮人。心裡暗忖，果然還保有童心，這孩子臉上仍看得出不服氣的倔強。

倔強，她有；委屈，她也有，只是她已經學會隱藏各種情緒。畢竟在社會走跳，想爬得越高，越要學會當一個體面的職場人。

從這孩子的表情，她猜出大概不出一個禮拜就會收到辭呈。但是，她還是想賭賭看，看看這個新人能否撐得下去。

就像曾經的她一樣，也是前輩眼中大逆不道的新人。頂著海歸頭銜的她，剛出社會的薪水就比同年齡新人多，在一群新人中自我介紹時，好像也比同儕更吸引目光。

只是，她不知道這樣招搖的背景，有人羨慕也有人忌妒。

她不僅不懂得向上管理，也不懂得修飾言詞。面對小主管的修正，她常常直接提出質疑，在自尊心作祟之下，她很難接受小主管給的指教。

「她又沒有比我大多少，憑什麼一直挑剔我做的事情。」曾經，她在茶水間大剌剌地跟其他新人抱怨，現場的人也都附和她。

但是，那些人轉身後，就將她抱怨前輩的事情傳了出去，甚至加油添醋，有意把她推到風口浪尖。沒多久，她被老闆約談，相較於有產能價值的小組長，她頂多只是個資歷不錯的新人，很快就收到不適用通知。

此時，她還沒有真正學習到職場的潛規則，很快又找到下一份工作，但是類似的事情再度上演。

因為相信同事，所以她什麼話都直說，包括對於老闆與公司的不滿。雖然她認真做事，最後卻被老闆與主管當成問題人物。

這個時候，她還傻傻將功勞都讓給跟她要好的同事們，完全不知道在老闆面前，她的優點都被閒言閒語蓋過。
最後，因為她在會議中直接質疑了老闆的決定，雖然出發

點是好的，但是會後她被老闆開除了。

她不懂，為什麼別人也提出質疑，也犯過錯，被開除的卻是她。她不知道的是，她老早就已經是別人的眼中釘，老闆只是等待時機開除她。

她落魄地收拾辦公桌，看著曾經以為很要好的同事，回應她的只有眼神。突然，她意識到，職場中根本沒有所謂的朋友，她只是被別人利用了。

在下一份工作中，她懂得不要把內心話赤裸裸地說出來，她學習修飾言語，用職場上委婉的話表達想法。慢慢的，她升遷了，漸漸的，她成了專業職場人。

等她當上小主管時，她開始明白以前自己不屑的小組長的心情。原來，當底下的人無法給予滿意的工作表現，又自以為是的時候，真的會增加她的工作量，也會消耗她的溝通成本，確實讓人討厭。

原來，她以前在背地裡抱怨公司跟主管，最後老闆都會知道，是因為很多人都想當心腹。

她雖然變得社會化，但是，她盡量守住自己的道德底線。

面對惡意相向的手段，她懂得反擊，但從不會主動攻擊。

同時，她也逐漸變得冷漠，對職場中的人情世故看得很淡。她變得不容易相信人，習慣理性看待所有事情，表面看起來她變得虛偽世故。

有一天，她的下屬向她打小報告，控訴一位新人在背後把她講得非常難聽。

「那個老女人就是看我不爽！我明明已經做很好了，她還硬要雞蛋裡挑骨頭挑我毛病。」告密者一五一十把新人的抱怨說給她聽。無論下屬講得如何眉飛色舞，她的內心依然風平浪靜。

她打算跟那位新人聊聊，同時也準備接收辭呈。然後，她淺淺分享了自己當新人時的經歷：「不過，如果妳不改掉妳的個性，到哪裡都會遇到類似事情。」

然而，就像秧苗不能助長，人需要經一事才能夠長一智。她以前總認為過多的干涉，最終只會被新人認定自己是多管閒事的老人。她告訴面前的新人：「當妳踏入職場的那天起，被別人要求調整都是正常。」

她接著說：「如果不習慣，建議妳可以找下一份工作。」

她萬萬沒有想到，就一個晚上的時間，那位新人馬上有了改變。

隔天，新人選擇在自己的位置上用餐，不跟其他同事嚼舌根。會議上，新人的說話方式不再那麼直接，態度也比以前柔軟許多。

雖然她看到了明顯的改變，但是她還是認為，那是離職前的迴光返照。

過了一個星期，她收到新人傳的訊息：「謝謝經理那天的分享，我會調整心態，試著變成夠優秀的人。」

她很意外新人的轉變，但是，這件事也讓她思考，或許在看似利己主義的社會，她可以嘗試看看，成為有點溫度的職場前輩。

在看盡人生百態與人性的黑暗面之後，

依然能保有一點溫暖的人性，

是一件幸福的事。

真正的善良，不是白紙一般的單純，

而是在看懂世事之後，還願意成為別人的擺渡人。

願意幫忙很好，
但千萬別做人人好的許願池

—

「我有點不習慣妳不在耶！」

即將要離職的她，聽到同事的這句話，內心沒有開心，但仍然保持笑容。她知道同事之所以捨不得她，是因為少了她，就沒有人幫忙跑腿了。

「我在忙，妳可以幫我買個中餐嗎？拜託！」

「好熱喔，妳幫忙訂個飲料好不好？謝謝！」

「貨很多，妳能一起幫忙拿嗎？妳人真好！」

她安靜乖巧、熱心助人，就算手上還有忙不完的工作，面對同事提出的要求，看到別人需要幫助，她總是不會拒絕。

一開始，她覺得很開心，因為幫助別人後，那些人總是會禮貌的道謝。長官也覺得她很乖，同事們覺得她人好，她也覺得自己在公司的人緣很好。

當她得到稱讚後，她更努力的順從做事，她相信好心總會
有好報。然而，在這社會上，沒心肝的付出跟幫忙，並不
一定會得到回報。

同事們總把他們的工作丟給她，請她幫忙，她的工作變得
繁重。工作量變得很多，常常必須加班才能忙完所有工作。

但是，她所忙的事情，有一半都不是她的工作範疇，因
此，在績效普通的情況下，她沒有因為殷勤工作而被加
薪，甚至有時候，加班費都不被批准，即便她常常忙到半
夜。

讓她更無助的是，她的幫忙被同事視為一種理所當然。當
她忙碌到想要拒絕時，還會反過來被同事講壞話。

「這不是一直都是妳幫忙弄的嗎？今天是怎樣？耍大牌？」
有些同事開她玩笑。

「不弄算了，我自己弄啦！」有的同事態度惡劣。

「拜託啦，我還要去接小孩，妳不把我當好朋友了嗎？」
還有同事開始情緒勒索。

她有苦難言，聽完同事的話，她又開始繼續幫忙。一切像掉進惡性循環的漩渦，她好累，被漩渦捲到看不見自己了。

除了工作是這樣，感情也是如此。

她總是記住男友的一字一句，男友想要什麼，她會盡量替他做到。她喜歡看見男友開心的樣子，喜歡男友在別人面前稱讚她溫柔體貼。

就算是她不想做的事，她也不想拒絕，委曲求全強迫自己有求必應。她希望能維持住在男友心中的形象，她希望能當那最完美的女朋友。

但是，慢慢的，她被當成便利商店、變成了許願池。她在愛情中越來越卑微，他們的關係越來越失衡，她的愛變成理所當然。

從一開始男友請她幫忙買東西、跑個腿，到後來開始跟她借錢。從幾百塊到幾千塊，最後上萬元，甚至男友還請她當借貸擔保人。

她才畢業沒有幾年，領著一般薪資，平常吃穿用度過後，

只能存下一點小錢。但是，自從男友開始跟她借錢後，她成了月光族，存款都被借走。

最後，她不敢簽下擔保人，男友因此跟她吵了起來。

「我好焦慮，好難過，他是不是不愛我了？」她掉下眼淚，感到沮喪，但是又很害怕男友會提分手，陷入兩難之中。

「妳就是不愛我，才不想借我錢！那就乾脆分手！」男友甩門就走。

她哭哭啼啼地打電話給朋友，卻被朋友罵了一頓：
「妳以為這樣是愛，妳只是在遷就對方。」
「愛就是這樣啊！愛不就是要付出嗎？」

她從前對於別人的要求就很難拒絕，在感情裡更難自拔。一旦深陷，就如同掉入流沙，難以自救，最終卻被男友一巴掌打在臉上。因為她抓到男友劈腿，他拿著她送的禮物，轉送給別的女人。

她懦弱害怕、缺乏自信，甚至還想試著挽回，無論朋友們怎麼勸都沒有用。

「妳就是太好太無聊了，我才覺得沒意思。」男友在分手

時說的話，就跟她被公司裁員時，主管說的話一樣。

「妳就是一直在做瑣事，公司才看不到妳的價值。」她當了這麼久的工具人，最後在裁員風暴中，成了犧牲品。

不論在感情或是職場中，她一直以為她的用心付出能得到甜美果實，但是，她一直搞錯方向，她總是在討好人，而不是做對的事情。

她總是在幫忙跑腿和處理雜事，從沒好好接觸過重要的事。她總是在滿足男友的各種需求，從沒好好思考男友適不適合自己。

時間久了，和她同期的同事都升官加薪了，她還是領著基本月薪。時間久了，和她同齡的同學都結婚生子，她還在情場中當老好人。而這次，她同時在工作與感情中遇到挫折，這是一個轉捩點，讓她直到這個時候才明白，善良也應該要有鋒芒。

如果她早點學會劃出人際界線，如果她不讓別人軟土深掘，或許，她能在工作上有所成就，也能在感情中得到健康的關係。

幫忙是美德，但不應透支自己。

凡事有限度，才能好好經營一段健康關係。

不委屈自己，也不辜負他人。

善待自己的羽毛，珍惜自己的時間。

善良要有限度，人情中應有世故。

真正的善良不是單純，也不是委曲求全，

而是懂得建立起界線，在能力範圍內伸出援手。

八十分就好，
別再恨鐵不成鋼

—

「我真的很挫折，這些人永遠都教不會！」她跟未婚夫抱怨著自己在職場中的挫敗感，不是因為她做得不好，而是她做得太好。

她有很高的自我要求，而且還以自己為低標，所以底下人每天都備感壓力。沒有人能像她一樣，每天花十個小時在工作上，毫無休息，也沒有人能像她一樣，一次做好幾個專案，每件事還都很精準。

她是標準的女強人，有著高學歷、驚人的外語能力跟精確的執行力，口條好、做事有效率、凡事都能做到完美，但是，那都只限於她個人。

她現在升官了，從一個做事的人變成帶團隊的主管，可是，這麼優秀的她，卻在帶人這件事上感到挫折。

「我真的覺得很難找到像我這樣的人，恨鐵不成鋼。」

「真的不懂現在的年輕人，不好好工作，整天只想下班。」

「好不容易教會那些新人，沒多久就離職，我又要重教！」

她抱怨連連，一向做事絕對不放棄的她，竟然告訴未婚夫：「我有點想離職！」

她的團隊流動率高，最近走掉一半的人，甚至有人跑到對手那邊。她說話大聲點，還有人向公司投訴她職場霸凌，她覺得簡直莫名其妙。

「我以前還被客戶吼過，職場不就是這樣嗎？有什麼好玻璃心的！」她不明白，工作不就是服務公司、服務客戶嗎？錯了就改，不對就調整。

「所以妳才能在這麼短的時間內，就能當經理啊！」

「但是，這不是基本的嗎？出來社會就要有這樣的覺悟！」

未婚夫看著她理直氣壯的樣子，搖了搖頭，笑她只活在自己的同溫層中。「可能達標跟適應職場對妳來說很簡單，但對有些人來說是有難度的。」
「或許妳可以調成不要要求事事一百分，只要八十分就

好。」未婚夫這樣跟她說，但她還是沒辦法接受，只覺得這樣事情無法做好。

「我報名了舞蹈課，婚禮不是要跳舞嗎？妳明天起和我一起去吧！」未婚夫思考了許久，邀請她一起去上舞蹈課。

「我不要！我肢體不協調，我沒有辦法跳舞，婚禮上你可以獨舞。」她立即拒絕，但還是被未婚夫勸說，開始了舞蹈課程。

上課時她戰戰兢兢要求自己，只要動作沒跟上、沒到位就受不了自己，老師也看出她的焦慮，幫她分解動作，讓她一個動作一個動作學習。

慢慢的，因為動作被分解了，她可以跟上老師的腳步，整堂課下來，原本肢體不協調的她，也能完整跳出一小段舞蹈。

此時，老師換了音樂，請他們隨著旋律自由跳舞，在這段即興舞蹈中，只有柔和的音樂沒有動作要求。

「這一段就是要 relax，沒有對錯，自由的做妳想做的動作。」

她愣住了。她一直都是有目標，有方向的人，突然的自由，反而困住她。她在未婚夫的引導下隨便亂跳，慢慢地她找出自己的節奏，越跳越好。

老師與未婚夫的稱讚，讓她更有信心嘗試跳舞，原本舞蹈零基礎的她，也能跳出自己的舞步。更重要的是，這幾堂舞蹈課，讓她學會站在下屬的角度思考問題，她開始練習一步一步交代事情，並給予鼓勵與稱讚。

雖然一開始對她而言有些困難，連要說出讚美的話都彆扭，但是，她發現給予下屬正面的回饋，能激發出他們的工作動力。

她放下高壓，盡量用輕鬆與創意的方式去看待下屬，在既定的框架下，保留一些空間讓下屬開展發揮。她盡可能學習看到下屬的好，讓自己放鬆，也讓下屬放鬆。最後，她試著放掉所謂的精準完美，學著接受每個人的不同。

漸漸的，有新鮮人願意找她聊天，聊他們不適應職場的問題，這些談話開拓了她的視角，她開始看到職場中那些弱小的擔憂與焦慮。於是，她越來越有同理心，那是帶團隊最需要的核心基礎，因為能做到相互理解，才能讓事情事半功倍。

將軍用兵，不能一味高壓，

而要建立彼此的信賴關係。

商場用人，同樣不能**一味逼迫要求，**

只會讓人才離你遠去。

放鬆相處，才能增加信心。

團隊士氣大振，才能一起邁向更好的未來。

那些話只有你在意，
趕快停止內耗

「這些錯誤不要再犯了，已經提醒很多次了。」

「如果妳不能幫團隊確認好這些細節，公司請妳來做什麼呢？」

她在茶水間，琢磨著同事看她的眼神，還有主管剛剛在會議中跟她說的話。

主管的每一句話，在她的腦海裡反覆播放，情緒逐漸佔滿所有思緒，就連攪拌咖啡的聲音也變得大聲。

她已經不算新鮮人，出社會工作有五、六年之久，也從專案管理提升到專案經理的職務。不過，現在的她正處在一個要資深沒多資深，要說是新人也不是，尷尬的中間階段。

主管對她有著明確的 KPI（關鍵績效指標），公司也對她的表現有所期待，新人們也都看著她做事。所以她不能犯錯，不僅是環境不允許，自尊心強的她也不能接受在新人

面前漏氣。

只是，帶領新人的同時，又要盯緊專案完成的時效，確實讓她的工作量加重，一個不小心就會忘了細節，後果就像今天一樣──被主管嚴厲提醒。

即便如此，公司裡厲害的專案經理都是這樣歷練過來的，她好像也沒有資格抱怨，畢竟想要往上爬，想鍛鍊自己的能力，就要試著讓自己適應職涯中的不同階段。

但是，她這次就是拉不下臉，她無法接受被新人跟同事看到自己的缺失，自尊心被撕裂，讓她非常難受，失落感過後，各種憑什麼的念頭開始出現。

憑什麼他可以這樣講我、憑什麼其他同事可以置身事外、憑什麼我就要按照他說的做。

「我之前還待過比現在更大的公司，他憑什麼啊！」
「其他人都不發一語，是覺得一切都是我的錯嗎？憑什麼啊！」

各種憑什麼想過一遍之後，她開始揣測同事們對她的看法，總感覺有人看不起她、排擠她。為了找到歸屬感，她

開始拉幫結派；為了挽回自己的面子，開始跟其他新人說主管的不是。

這些負面情緒，澆熄了她對工作的熱忱，讓她開始無心在工作上。最終，她因為工作結果不理想而被辭退，雖然她知道這是必然的結果，心裡還是有些難過。

「下一份工作會更好。」她這樣安慰著自己。

當她進到下一份工作後，面對思維古板的主管和反覆相同的工作，她開始感到枯燥乏味，並懷念起前一份工作，她喜歡當時自己執行專案時的衝勁，也愛那時專案完成後的成就感。

不過，每當她想起自己被主管批評的場景，就努力說服自己離開前一份工作是對的選擇。她想著，這或許也是前公司希望看到的結果，要不然主管也不會這樣公開挑明自己的缺失。

直到有次，當她參加客戶品牌發布會時，她與前同事偶遇，才從對方的口裡得知，原來當時的自己，在主管跟很多同事眼裡，都是很棒的人才。

「那一次會議過後，大家都覺得妳變得怪怪的，原來妳這麼在意主管說的話。」她跟前同事說了自己當時的心情，前同事對她的過度反應感到驚訝。

「誰在工作上沒被罵過，大家當時都覺得很正常啊，沒有特別想什麼。」前同事的輕描淡寫，對比她的耿耿於懷，宛如那一場會議，只有她一個人還留在現場。

發布會結束後，當天晚上，當她回想起主管說的話，好像已經能客觀看待了。她開始反思，如果當時自己能把心思放在錯誤的修正上，而不是鑽牛角尖在自己的情緒裡，結局是不是會不一樣？

但是機會已經過去了，讓人有熱忱的工作可遇不可求。當她選擇把情緒放在專業前面，就注定被它左右人生。

負面情緒就像一片灰色濾鏡，

你透過它看到的所有事情都失去色彩，

每一個人好像都心懷鬼胎，

這個世界也不再有公平公義存在。

殊不知，負面情緒只是一種自然反應。

就像一片突然飄過的烏雲，

只要懂得轉換情緒，不讓它凌駕於理智之上，

烏雲雖然暫時遮蔽陽光，

但總會慢慢隨風散去。

Chapter 3

寫給親愛的
小孩

打開窗戶，
就能仰望藍天

同理讓我成為更好的媽媽

—

「媽媽，妳都偏心弟弟，把弟弟丟掉啦！」

「媽媽，妳才偏心姊姊！姊姊才走開啦！」

這段劇情、同樣的台詞，每天都會重複在她家上演。而她，注定要當這對姊弟之間左右為難的母親。不管她多努力想辦法平衡，孩子們還是覺得她偏心。

「妳怎麼可以打弟弟！這樣不對！」

「你為什麼壓姊姊，把手放開！」

她只要訓話，下一秒就會有人哭。她只要沒在現場，就會有人說謊。

「牛奶是姊姊打翻的！」弟弟跑來告狀。

「明明就是弟弟，不是我！」姊姊跑來抗議。

兩個人雞同鴨講，每個人都有理，永遠問不出真相。有時候，真的不知道該怎麼處理這種手足之間的爭寵。

當初生兩個孩子，是為了讓他們彼此有伴，希望他們彼此扶持。偏偏這對姊弟生來就不對盤，放學回家後總是爭吵不休。

夜晚，好不容易把兩個孩子弄睡了，她準備來找小時候的照片，因為女兒美勞課要畫「小時候的媽媽」。

她從儲藏室最邊邊的角落，翻出一個積滿灰塵的小盒子。她嘆了一口氣，鼓起勇氣打開盒子，不小心打翻了，照片散滿地。

當她一眼望去時，最先看到的是她、妹妹與母親三人的照片。那張照片就像在池塘裡丟了一顆石頭進去，許多回憶像泥沙般湧上心頭。

妹妹從小身體好，品學兼優，嘴巴也甜，很得長輩的喜歡。她卻老是請病假，考試怎麼樣都吊車尾，個性又有點叛逆。

她太有資格吃妹妹的醋，當然也會偷偷欺負妹妹。當妹妹考第一名拿到禮物的時候，她會偷偷把禮物弄壞。當母親

拿棍子打她、教訓她的時候，她也會大吼：「媽媽不公平、媽媽偏心。」

為什麼都是母親生的，她卻總感覺母親更喜歡妹妹。為什麼都是同個家庭裡長大的孩子，她卻總是感覺只有自己得不到關愛。

長大後，她的孤立感越來越強烈，甚至為了不想再面對母親的偏心，刻意考了離家很遠的大學。大學畢業後，也就順理成章在其他城市定居下來，久久才回一次老家，而每次的見面都以不歡而散收場。

漸漸的，為了避免衝突，大家也就不再往來，幾次看到母親打來的電話，她都假裝沒有看到。因為，不被母親偏愛的童年回憶，已經成為她與母親之間的隔閡。

她回想著那些過往的回憶與情緒，突然之間，她能理解自己的孩子，也能理解她的母親了。

當人改變了身分，成了當初不理解的那個人之後，許多誤會都逐漸能化解，因為相互同理的立場產生了。

孩子就像面鏡子，照向了她的過往，讓她更看清楚自己。

或許，媽媽的愛一直以來都是公平的，只是她覺得自己不
夠好，媽媽不可能會愛她。想到這兒，她也回想起，自己
忘記的「被愛回憶」。

發燒時，母親整夜抱著她，哄她睡覺的回憶。

叛逆時，母親整夜沒闔眼坐在客廳等她的回憶。

結婚時，母親花了一整個月幫她縫製頭紗的回憶。

母親的愛一直都在，只是攀比之心讓她看不清真相。

隔天，她把自己的故事告訴這對姊弟，試著告訴他們，不
是媽媽偏心、不是不公平，而是一種叫做「比較」的情緒。

「我想接住你們比較的情緒，以後這種情緒怪獸發作的時
候，就來抱抱！」

她常常想，如果當時媽媽能多抱自己一點，或許她的情緒
會好一些。她想，如果自己可以改變點什麼，或許，不一
樣的情緒處理方式就是她能對下一代做的最好努力。

孩子要被安撫、要穩住情緒。我們內在的孩子也要重新被

安撫，被修復。當她主動約母親見面時，她聽出母親等待已久的喜悅。她默默在電話的一頭落淚，感謝一切都還來得及。

「謝謝孩子讓我成為更好的媽媽，也讓我理解了我的母親。」

孩子，提供我們與父母解除誤會與理解彼此的機會。

曾經的孩子成為了父母，

才能真正了解父母的不易，

還有過往對於許多事情的錯誤解讀。

身分的轉換帶來真正的同理。

讓我們心中的傷痕開始癒合，

也讓曾經的傷害不再複製。

有了孩子之後，

我們與原生家庭的和解才真正開始。

爲了成全所以放手

―

「好，小孩留給你，我離開。」

當她說出這句話時，心也跟著顫抖，她不願意離開孩子，但是她沒有選擇。她只是一個在先生外遇後，只能選擇原諒的家庭主婦。而且，她的原諒也喚不回浪子回頭，先生堅持要離婚。

先生的經濟條件明顯比她好，不過她放不下孩子，孩子也放不下她。她想著回到職場，再怎麼辛苦，只要能跟女兒在一起，她相信他們一定可以撐下去。

先生也想要孩子，她為了留下孩子，跟先生溝通過，也想過要請律師，但老公做事謹慎乾淨，外遇沒有留下任何證據，也拒絕支付任何贍養費。

她想帶孩子搬出去住，手上卻沒有足夠現金。娘家也只剩下一個妹妹，妹妹也有自己的生活要顧。

她陷入了煎熬。但是她告訴自己，孩子是她的心肝，她一定要想辦法。然而，當先生三不五時騷擾，說了各種恐嚇的話之後，讓她猶豫了。

「妳帶女兒走，妳能給她好的生活嗎？」

「妳也不看看妳自己，我能讓她到國外念書，妳要讓她半工半讀嗎？」

「我先說喔，妳把她帶走，我不會給妳們任何一毛錢！」

迫於先生的壓力，加上沒有錢請律師，她只能妥協，忍痛放棄孩子。

那天，她試探性問女兒喜歡現在的生活嗎？

小學一年級的女兒，對父母的事情還懵懂無知，她如實表達自己喜歡學校、同學，也喜歡鄰居跟現在的生活，女兒說自己喜歡彈鋼琴、學畫畫、英文課，也希望以後能學習更多。她看著女兒眼睛發光地說著，摸了摸女兒的頭髮，她知道，現在女兒擁有的一切，她都給不起。

先生說得沒錯，婆家有錢，他能滿足女兒物質上的生活。

女兒在夫家能被富養著，人們都說被富養的女孩，命比較好。

她思考了許久，最終下了艱難的決定：她決定自己離開，讓女兒留下。

這樣，女兒不必重新適應新環境，也不必放棄才藝，更不會失去未來的各種可能性。

於是，她在夜深人靜，女兒睡著時，泣不成聲抱住女兒。然後，她離開了，她害怕與女兒的離別，也怕自己走不了。

離開後，她的每一天都在自責中度過。

偶爾，她會從夫家的幫傭那裡得知，女兒對於她的離開十分不諒解。在她離開的隔天，女兒歇斯底里崩潰大哭，從此陷入憂鬱中。

她聽了，衝動地回到婆家，想要抱抱女兒，想要好好安慰她。但是，當她真的走到了婆家樓下，卻又膽怯的不敢上樓。

她只能躲在一旁，看著那曾是前夫的小三，牽著女兒放學回家。或許，事情會有所好轉，也或許，女兒已經慢慢適應沒有她的生活。

站在女兒的角度，沒有人告訴她母親的苦衷，女兒認為母親拋棄了自己，又加上父親跟後母的煽風點火，她始終對母親都抱持著怨懟與不諒解。

所以，她與女兒的關係，從原本老公不願意讓母女見面，到最後，演變成女兒單方面拒絕與母親見面。她默默承受著女兒對自己的不諒解，就這樣一路忍著十幾年過去了。

但是，她對女兒的愛一直沒有改變，她想關心她，想要陪伴她。她偷偷在網路上看著女兒的社群，會用著匿名帳號，在貼文底下留言。

有一天女兒私訊了她。

女兒很好奇她是誰，她卻沒有坦白自己的身分，女兒當她是同齡網友，常常找她聊天。她用這樣的方式，知道女兒的心聲，才終於有機會關心女兒。她不能以一個媽媽的名義愛女兒，只能用這樣隱晦的方法表達她的愛。

每當女兒提出見面的想法時，她總是以自己長居海外為由拒絕。她害怕當女兒知道自己的身分後，會從此不再跟她聯絡。

她們就這樣當了很多年素未謀面的網友，一直到女兒出了社會，感情跟工作都出了狀況。

因著這一次人生打擊，女兒第一次跟她談到了原生家庭。女兒想著，自己總是害怕孤單與缺乏安全感，可能跟母親有關。

「我不知道，我媽媽為什麼當時拋棄了我？她是不是不愛我？」當女兒打下這些字的時候，她愣住了，陳年的心痛感再度出現。

她當然愛女兒，她用網友的第三人稱，試著把當時離開的心情告訴女兒。女兒這才終於懂了母親的為難。而她也鼓起勇氣說：「我們見個面吧！」

這是闊別二十年之後，她第一次見到女兒。

她們見面時，女兒愣在原地，她以為女兒會轉頭離開，沒想到，女兒快步上前抱住了她。

女兒這才知道，這些年關心自己的網友，一直都是媽媽。
她不是被拋下的小孩，她的母親為了成全她而不得不放
手。

看著女兒，她的眼眶滿是眼淚，她緊緊擁抱著女兒，喃喃
自語保證：「對不起，這次，我不會再離開了。」

在人生的交叉路口，

有時我們必須做出艱難的決定。

有些決定，可能會讓我們被誤會，

也可能因此失去所愛。

但只要想清楚，無愧於心，

再困難的選擇，再狹仄彎曲之路，

走到最後，總會回到康莊。

每個孩子都值得被愛與期待

—

「媽媽,是不是因為我不是男生,所以妳不喜歡我?」

當她聽到三歲女兒冷靜成熟講出這句話時,當下她愣住了且無法否認,只好蹲下並抱住女兒來掩飾:「怎麼會?妳跟姊姊都是媽咪的心肝寶貝啊!」

過了幾秒,她才反應過來安慰女兒,拍了拍女兒的背,也為了隱藏眼眶裡打轉的淚水,她不敢讓女兒看到。

她晚婚,結婚的時候已經超過三十四歲,來到所謂高齡產婦的年紀。結婚時,婆婆對於她的年齡頗有微詞,畢竟先生是獨子,需要有香火傳宗接代。好在她很懂得如何與長輩應對,婚前常常表示很喜歡孩子,希望婚後就能開始備孕。

然而,光生孩子是不夠的,觀念傳統的公婆,一直以來都希望她能生男孩。在她懷第一胎時,一通知婆婆懷孕的消息,婆家就開始準備男寶寶的服裝。

即便懷孕中期檢查出是女孩，婆婆還是不甘心，一直堅信生出來的會是男嬰。直到大女兒出生的那一刻，婆婆從醫護人員口中確認性別，才放下執念。

有時候她覺得很好笑，都什麼年代了，怎麼還有這種重男輕女的觀念。但是婆家對於孫子的渴求，以及對於她肚皮的關心程度，卻是真實存在的。

「妳年紀也大了，要趕快生，我們才能安心抱金孫啊！」她生下孩子後，身子還沒養好，婆家急著要孫子的壓力再度襲來。

「對不起，我媽有時候逼太緊了。」先生安慰她。

「我理解媽媽的立場，我也希望能有個兒子。」為了維持家庭平衡，她試著接受婆家的想法。

出月子後，她與先生急著「做人」，並且開始尋找各種生男孩的偏方。精算排卵日、測量體溫跟酸鹼度，甚至還喝符水，各式各樣的方法都用上了。

夫妻床笫之間的情趣，因著懷孕這個目的，變得制式與目標導向。她感受不到什麼愉悅，更沒有浪漫可言，更多的

是壓力。

好不容易，兩個人努力了半年，終於又懷上了第二胎。她每天祈禱能生男孩，不希望自己又讓公婆感到失望。

然而，最終第二胎又是女兒，她失望的看著漸漸隆起的肚子，面對公婆各種冷淡的回應，只能默默的接受。

即便她擁有充分的醫學知識，明白生男生女的決定權不在她，但是，她卻像被婆家洗腦了一樣，莫名其妙開始自責起來。原本就有些產後憂鬱的她，因著心理的壓力，抑鬱情況更加嚴重。

生下老二後，婆家更是著急，每次見面，談論的都是生男孩的話題。疲累的她，開始與先生爭吵，也牽連到二女兒身上。

「要是妳是生男的就好了，我就不用這麼累了！」

看著才幾個月大的小女兒，穿著藍色的嬰兒衣，蓋著都是小汽車的嬰兒被，她為女兒不被期待感到不捨，也為自己無法生出公婆期待的孫子感到氣餒。

即便因著多方壓力，她沒有好好坐完月子，她還是希望能趕快生下兒子。

第三胎，她與老公決定借用醫學的方式，希望能直接一舉得男。但不知是不是壓力太大，每次不好容易懷上，孩子卻又流掉。

所有的錢付諸流水，身體也承受著打針的不適，所有的一切都加重她的抑鬱，她時不時對先生發飆，也會莫名對兩個女兒生氣，特別容易看小女兒不順眼。

明明女兒才三歲，還是需要大人照顧的年紀，當她心情不好時，她就會對小女兒格外嚴格。

「妳看，姐姐都會自己整理，妳怎麼不會？」

「衣服自己穿，自己脫，什麼都不會以後上學怎麼辦？」

她看著小女兒笨拙地自己穿衣服，即便卡到了頭部，她也沒有去幫忙。似乎，她對於生活的種種不滿，都隱隱約約發洩在這個孩子身上。

雖然小女兒不懂大人的壓力，但是孩子是敏銳的，小女兒

總是努力表現，很害怕媽媽不滿意自己。或許，從在媽媽肚子時殘存的胎內記憶，直到生下來後，在小女兒的幼小心靈中始終有根刺，那是來自家人對她的不期待。

有天，當他們一家四口前往公婆家用餐時，公婆又當著兩個女兒的面，提出抱孫子的心願，大女兒早已習慣類似話題，自顧自玩著平板，而小女兒卻在一旁默默觀察媽媽。

她感受到小女兒的目光，當她轉頭過去看時，小女兒的眼神卻閃躲了。她想起來，似乎每當有人提起生男孩的話題，小女兒總會有這樣的反應。

當天晚上，她又跟先生為了公婆的期待吵架，當她一個人待在書房冷靜時，小女兒問出了那一句話：「媽媽，是不是因為我不是男生，所以妳不喜歡我？」

她聽到時，內心很震驚。她抱住女兒，感受到小小的身體承受大大的失望，她沒有想到，自己讓孩子這麼痛苦，她意識到因著自己的懦弱，讓孩子承擔了過多的壓力。

而這些壓力，本就不該存在。

她本就不該讓婆家予取予求，不論生男生女，她的孩子都

是她的寶貝。不論是男是女，每個孩子都值得被期待！

當她轉念不再理會婆家的要求，先生也因為受不了父母長期的壓力，跟她站在同一個陣線。奇妙的事發生了，她的家庭氛圍跟身體狀況都逐漸好轉。

她知道，自己的決定或許會跟婆家撕破臉，甚至被冠上罵名。但是，這些都不再重要了，她只要她的孩子知道，她們是值得被愛與期待的。因為，生命的真諦就是尊重。

孩子的到來，應該是幸福與希望的結合，

我們的身體乘載了這份喜悅，

生出我們的心肝寶貝。

不論男孩、女孩，

每一個生命都值得尊重，

因為，生命的真諦是愛。

長大了就別再做巨嬰

—

她是父母的心肝寶貝，也是爺爺奶奶唯一的孫女。從小就是掌上明珠，被捧在手心上呵護。

她想要什麼玩具，父母會給；她想上什麼才藝課，父母都會安排。她從不用做家事，不用管三餐，只需要顧好學業跟好好學習才藝。

她也是班上最受矚目的學生，父母常常參與學校的各種活動。她的一舉一動父母親都很清楚，老師也特別照顧她。

小時候，她覺得自己很幸福，但隨著她長大成了青少女，父母的這些照顧，逐漸成為她的困擾，最終變成陰影。

高中後，她出落得亭亭玉立，班上難免有愛慕她的對象。當父母知道後，開始限制她的交友，也不准她自己上下學。

早上，父親會開車送她到學校，看著她進到校門才放心。

下午，母親準時站在校門口，帶著她搭車返回家中。偶爾，班上的女生同學想在下課後一起逛書店，母親也會跟著一起去，久了大家都不再約她。

假日她想跟同學出門，父母要求要有同學名單跟電話，也會親自接送她到目的地，並在約定時間接她回來。

以前，因著父母的愛，她引以為豪，覺得自己是現實版的公主。

現在，因著父母的愛，她越來越壓抑，覺得自己就是被困住的鳥。

她想去上遠一點的大學，想逃離父母的掌控。但是，父母寧可她放棄前三志願，也要讀離家近的學校。

即便她上了大學，也過了法定成年的年紀，她還是有門禁，每天必須在晚上九點前回到家。如果晚了一些，父母就會追問晚歸的原因，質問有沒有做什麼不該做的事情。

「什麼叫有沒有做不該做的事？」當她都已經要升大四時，同學們都過著相對自由的生活，她還要被門禁跟教養綑綁著，她再也無法壓抑想要反抗的情緒。

然而，當天晚上她被狠狠教訓了一頓，父母沒有打她也沒罵她，只是，母親的眼淚跟父親的冷臉，讓她很難承受，也感到害怕。

她感到厭煩，可是又不得不承認自己離不開父母。家裡很多東西放在哪裡，她都不知道，出了家門，她總是迷路。

連自己喜歡的早餐在哪裡買的，她也一無所知。好幾次想和父母爭取想要的自由，不自覺那些話又吞了回去。

大學畢業後，她在父母安排下進入親戚的公司工作。生活一日復一日，工作很順利，但是她依然困在同個環境下。滑手機看社群時，看著大學朋友都有了穩定的戀情，她很是羨慕。

一次，她跟著大學朋友一起出去玩，認識了一位新朋友，她喜歡上他的笑容。

這個男生跟她差不多大，也有穩定的工作，兩個人很常在社群聊天。雖然見面次數不多，但是她喜歡上了他的陽光，他也喜歡上她的單純。

兩人很快就在一起，只是，她交男朋友這件事，還是不敢

跟爸媽講。也因如此,兩人的相處跟其他同年齡者相比,多了很多奇怪的地方。

像是,明明兩個人都在同一個城市,卻不能常常相見。每一次見面都需要提前規劃,她需要想個理由溜出去。

或是,兩個人通電話只能在特定的時間,平常只能傳訊息;出門約會不論去到哪,都必須要在晚上十點以前回到家。男友送她回家只能送到捷運站口,深怕被父母發現。

還記得有一次男友為了給她驚喜,跑到她家門口,她為此嚇得與男友大吵一架。男友才真正了解到她的家庭狀況,但是對於她不願與家人進行溝通感到不解。

「妳都已經二十五歲了,但是妳幾乎沒有自主權耶!」

「你不懂我家的狀況,我根本沒有辦法跟他們溝通啊!」

「妳試過了嗎?」

面對男友的問題,她不知道怎麼解釋才清楚。她也不明白,為什麼男友不能體諒她的處境。

兩人在這樣艱辛的情況下，還是交往了兩年，直到男友的父母邀請她來聚餐，她卻因為門禁而推辭，成為壓垮男友的最後一根稻草。

男友深思熟慮後，果斷提出分手。其實兩年來，男友也漸漸意識到她像個長不大的巨嬰。

面對男友提出分手，她雖不願意卻也不得不斷掉戀情。但是她的狀態，讓父母起了疑心，偷偷看了她的手機。

「我就不能有自己的隱私權嗎？我這個年紀，交個男朋友又怎樣？」她生平第一次挨父親的打，就是講了這句話後的一巴掌。父母不能理解，她為什麼要隱瞞，而她卻說不清理由。

分手過後幾年，她沒有再交其他男友，但隨著年齡漸長，思想也成熟了不少。她花了些時間回想這段感情，慢慢看到自己的盲點。

雖然，她的父母確實過度保護她，但也是因為她從不敢溝通。因為她害怕衝突，父母很難真正了解她的情感需求。

當她快要三十歲時，她選擇搬出去住，父母也沒有反對。

她下定決心要不依靠他人長成一棵大樹，她期待著自己能成為一個真正獨立的大人。

她在新的租房獨自生活，一個陌生的生活圈，她逼著自己重新適應。

「唯有不再依賴，有獨立生活的能力，才能成為真正的自己。」

搬出去獨居幾個月後，她回家探望父母，第一次下廚做羹湯，也第一次削水果給父母吃。

曾經，他們手中緊緊拉著這個名為女兒的風箏。現在他們發現，或許放手讓風箏在天空飛翔，女兒更加快樂。

永遠依賴他人，不論年紀多長，

終究只是一個缺乏自我的巨嬰。

唯有從依賴中掙脫，學習獨立成長，

才能更成熟地面對及處理各種人生困境，

最終收穫真正的自己。

你很好，
但你沒有自己想像得那麼重要

―

「我真的好懷念過去的自己，我怎麼會變成現在這樣？」

她曾是踏著高跟鞋、一身名牌，穿梭在頂尖百貨中的精品銷售員。

她有不錯交際手腕，能與名門貴婦相處融洽，也能與高階人才談笑風生。那時候的她充滿魅力，在品牌派對中舉手投足都是焦點，業績也最好。

當她結婚生子之後，她持續工作了一段時間，她懂得料理生活，也有穩定的工作。家庭有高額的雙薪資源，她與先生也規劃好了孩子的留學計畫，她以為生活會一直這樣美好下去。

人算不如天算，自從父母相繼中風罹癌、小女兒得了氣喘之後，她就離職待在家中，每天往返娘家與自己家，照顧父母以及孩子。

以前的她每天頂著精緻妝容，現在的她能有時間擦個口紅就不錯了。過往那些名牌衣物也都收在儲藏櫃中，每天就像個黃臉婆。

父親中風後，情緒跟語言表達上都受到影響，無法記得事情、表達也不清楚。她常常因為弄不清楚父親的意思，而讓他大發雷霆，她也只能默默忍受。

母親罹癌後，開始接受化療，掉了頭髮人也變得蒼老，低盪的心情大幅影響食慾。她常常因為煮的飯菜不合母親的胃口，惹得媽媽吃不下飯，對她發脾氣，她也只能默默接受。

「這菜炒的沒味道，不好吃。」其實是母親因為化療，味覺變了。

「妳為什麼又出去那麼久？我們在家都不用顧嗎？」父親被關在家太久了，總會有怨言。

小女兒的氣喘一直沒有明顯好轉，她常常需要抽空帶她看中醫、名醫，因著父母跟小女兒的關係，往返醫院變成了她的生活常態。

還好她的先生人很不錯，願意出錢照顧她的父母，但是畢竟花的是先生的錢，她也希望能回職場工作，恢復雙薪家庭累積財富，先生的壓力也不用這麼大。

她曾跟父母提過，是不是找個看護來家裡幫忙照顧，但是，父母親怎麼樣都不願意讓外人住進家裡。而父母的狀況又沒有多少養老機構願意接收，所以，她只能繼續過著這樣忙碌又沒有目標的生活。

她已經好久沒有和先生出去約會了，而家裡跟父母的開支也都是先生支付。她對先生感到愧疚，可是她沒有辦法改變父母的想法，也不想被說成是不孝女。

往返醫院、照顧父母的生活起居、回到家裡做飯、洗碗、洗衣服，這些永遠做不完的家事，如潮水不斷一波接著一波襲來。當她很累了，躺在床上好幾個小時，卻還是失眠。吞了安眠藥卻依然淺眠，半夜孩子翻身她就醒了。迎著清晨，她又必須拖著疲累的身體起床做早餐。

每天都面對巨大的無力感，她的情緒就像一座未爆發的火山。她常常望向鳥兒翱翔的天空，想著過往璀璨卻不再屬於自己的生活。

她只能無助失落，彷彿生命中的一切都失去了希望。

夜晚孩子們睡了，偶爾她能勉強得到一點放鬆時間，滑著手機卻看見前同事們在 IG 曬全家出遊幸福開心的照片。羨慕與嫉妒從心裡油然而生，她與世界脫節，她對這一切感到憤怒。

「為什麼她們都過得這麼好？我卻活成這樣？」

她拚命問自己、問朋友，想找解決方案，但是父母卻堅持要她親自照顧。她也試著轉念，說服自己當個孝順女兒，盡力做好自己該做的。但是，父母依然對她有眾多不滿，她每天被這些瑣事和情緒勒索綑綁著。

她的身體也開始出狀況，頭痛、經痛、胃痛、失眠，幾年的壓力下來，她就像一台隨時會壞掉的機器。

她告訴自己一定要撐住，不然整個家會沒人照顧。但是，硬撐到最後的結果，她還是無預警的倒下了。

她昏倒送醫急救，被迫住院半個月。而這半個月，卻是她難得擁有休息的時候。

她進了醫院，無法再照顧父母，為此，先生請了看護照顧

她的父母。原本堅持不讓外人進到家裡的雙親，無奈也只能接受這樣的安排。

「看護能接受我父母的脾氣嗎？會不會一下子就走了？」

「不會，我都已經打點好了，也是趁這個時候讓他們習慣看護。」她住院期間，內心擔心焦慮，但是先生一直說服她放下父母，好好調養身體。

當她出院後奔回家時，才意外發現，一切都很好。世界沒有因為她不在而垮掉，一切都正常運行著。

父母與看護相處還算融洽，她剛住院時小女兒會哭著找媽媽，但是後來也習慣了。她休息一陣子後，決定把父母交給專業的看護，自己回到職場上班。

闊別幾年重回職場，她內心有些忐忑，但那是她渴望許久的人生。她踏出了那四四方方的狹窄天空，穿起高跟鞋，重新回到蔚藍的天空下。

在多重身分之中，她找到真正的自己，她不再是被生活支解成四分五裂的人。在家庭與工作之間，她找到了屬於自己的平衡、找回了屬於自己的成就感。

其實，這世上沒有什麼人是不能被取代的，

學著放手，讓自己能空出時間照顧自己。

唯有先照顧好自己、成為自己，

自我足夠清晰，

才能有機會給予健康的愛。

Chapter 4

寫給心底
隱隱的傷

傷口結了痂，

緩緩開出一朵花

別在意生命中的荊棘，
那是化了妝的祝福

—

「姐姐，妳要去哪裡？」一個全身都瘀青的三歲女孩，輕輕拉住了她的衣角。

她蹲了下來，摸了摸女孩的頭，順了順女孩的頭髮：「姐姐要去幫妳安排新家，妳先在醫院，護士姐姐會陪妳。」

她對一旁的護理師點點頭，輕輕拉開女孩的手，走出病房。

她是一名社工，專門接住這些受家暴，並且無依無靠的孩子。每每看著那弱小的身軀，她都會想起自己，跟那一條她忘不掉的鐵鎖鏈。

從有記憶以來，她的腳上就有一條鎖鏈，而她的世界，只有一間小房間的大小。

在她被帶出那間房間之前，她都不知道這個世界還有其他人，也不知道所謂的好與壞，她只知道痛與不痛、餓與不餓。

她的父親是戒不掉賭癮的賭徒，母親是戒不掉毒癮的毒蟲。這樣的結合，註定了她會有一個非常難熬的人生。

母親因為憤恨父親丟下她們母女倆跑路，將一切怒氣都發在她身上。

她從小就被丟在一張小床上，母親清醒的時候會來照顧她一下，但大多數時間她都是自己一個人度過，好幾天只換一次尿布是常態。

她的全身上下都是傷痕，如果被帶出去，一定引人注目，而母親除了吸毒也販毒，自然不會希望因為她而受到無謂的關注。

她被母親毆打是家常便飯，哭的話通常會被打得更兇。她會被五花大綁關入狗籠，也常被餵食餿水剩飯。

她不知道什麼叫上學，也不知道何謂童年，更不懂什麼是愛。她只知道當她害怕無力，被罰站、被毆打，整個人要倒下時，母親會賞她好幾個巴掌，逼她清醒地站立，不然就有苦頭吃。

她只知道當她好想睡覺，卻要被迫打掃、做到疲倦崩潰，

就算流下鼻血，整個人都重重摔倒在地上，也不能停止。

直到有一天，外公找到了母親，她才偶爾能夠受到外公的庇護。只是，外公也受母親的威脅，無法將她帶出那間套房。

後來，外公因為被母親嚴重家暴，經由鄰居通報，才間接讓她的存在被看見，而母親也因販毒被判刑。此時，她已經六歲了，卻是第一次踏出那個可怕的房間。

隨後，她被送入寄養家庭。她很害怕，以為全世界的人都跟她的母親一樣兇惡。

但是，當她踏入寄養家庭那一刻，看到滿桌食物，她無法克制地流口水了。

「先吃飯吧，不要怕，趕快吃。」

寄養媽媽面帶笑容將一盤水餃放在她面前，她真的餓壞了，一開始還有點害怕，一小口一小口吃著，慢慢地，一小口變成一大口，她的嘴裡塞滿了水餃。

她不知道自己吃了幾碗，只知道一直吃一直吃，吃到都吐

了，她才知道，這是吃飽吃撐的感覺。

當天晚上，寄養媽媽一直陪在她旁邊。一開始她很害怕地躲在角落，而寄養媽媽就在床邊為她唸故事書，她越聽越入迷，慢慢靠近寄養媽媽，當她抬頭時，看到了寄養媽媽臉頰上的眼淚。

她不明白眼淚代表著什麼？多年後她才知道，這是第一次有人心疼她，為了她哭泣。

當時的她，頭上凹了一個缺口，全身上下沒有一塊皮膚完好，她在寄養家庭中漸漸養好身體，漸漸找到正常的生活。但在這同時，她開始意識到過往的日子多麼可怕。

被自己的母親如此惡劣對待，完全不被愛的傷痛，變成了惡夢，特別當她看到其他母女歡樂互動的模樣，總讓她的心再次被撕裂。

每當她的創傷後壓力症候群發作時，寄養媽媽總將她抱在懷裡，像抱著小寶寶一樣，輕輕哼著童謠，讓她慢慢鎮定下來。

跟她有著類似遭遇的孩子，同樣住在寄養媽媽家裡，他們

就像真的兄弟姊妹一樣，互相幫助跟互相鼓勵。

她被這些愛一一接住了。所以，她格外珍惜現在。

她努力認真讀書，考上了好的學校，當要填科系時，她毫不猶豫選擇了社工系。她想將過往得到的那份善意傳承，讓善循環。

她曾經以為，自己永遠走不出那間黑屋。

她曾經以為，自己會是那個手心向上等待別人幫助的人。

但隨著她畢業，成為一名社工，現在，她也是那個能將手心向下幫助別人的人。

愛需要被傳承，善需要循環。

人生不可能一直平順美好，

有些生命中的荊棘，或許是化了妝的祝福。

經過這些困難和考驗，

我們才更能夠幫助曾經跟我們一樣陷於低谷的人。

走在滿是玻璃碎渣的道路上，
做自己的英雄

—

「當時，我愣住了，我不知道該怎麼辦。」女孩是青春漂亮的高中生，但清秀的臉龐多了憂愁與恐懼。

「媽，那是不是針孔攝影機啊？」

「怎麼可能？不要亂講。」

女孩跟著單親母親生活，母女倆在郊區租了一間小套房。女孩感覺廁所的抽風扇似乎在亮著光，總覺得不太對勁。

當她洗澡的時候，總是不經意看向抽風機。有天越看越不舒服，忍不住打開抽風扇。

奇怪的鏡頭閃著燈。女孩愣在原地，恐懼感從腳底往上爬滿全身。

然而，母親看到針孔攝影機時，並不怎麼相信母女倆被偷拍的事實，一直到女孩查了網路上的資料，提出許許多多

案例，母親才終於相信。

母女倆搬出小套房，向房東提告，並來到律師事務所。

而她，是一名為未成年發聲的律師。

「卡住，是一個人遇到危險的自然反應，妳沒有錯，妳很好。」她試圖安慰著不安的女孩，女孩則認真看著她。

「謝謝妳勇敢站出來，記得，妳不是一個人，我們都會陪妳一起面對的。」她溫柔地拍拍女孩，並堅定地看著女孩的眼睛，希望能給她一點信心與力量。

她知道隱私被侵犯的陰影不容易痊癒，或許會跟著女孩很久很久。但是，她相信也希望，女孩總有一天會從這樣的受害情緒中走出來。

就如同曾經的她一樣。

曾經的她只是個高中生。那一學期，她常常待在圖書館自習，為了考大學努力準備著。那天時間有些晚了，圖書館只剩她跟一位坐在隔壁的男同學。

偌大的圖書館，男同學沒有選其他位置，而是坐在她旁邊許久。當時的她沒有想太多，正打算繼續待到整點時，她感覺有人正在摸自己。

她頓時愣住幾秒，從沒遇過這種事，她不知該如何是好。一直到聽到館員過來，她才回過神來，並推開了男同學的手。

也不知是哪來的勇氣，當下她立刻跟館員反映被男同學猥褻的狀況。然而，在沒有證據的情況下，男同學沒有承認，但是她堅持要報警。

兩人的家人都到了警局，但在沒有人證與物證的情況下，警方能做的事情有限。甚至，當時她的母親還勸自己說：「算了吧，這種小事不要小題大作。」

聽到母親也不願意站在自己的這一方，她感到價值感低落，原本的勇氣也逐漸消散。

當男同學即將被家長帶走，轉身用得逞的表情看向她時，她一方面為自己被侵犯感到羞愧，一方面卻又因為無能為力感到極度憤怒。

事後回想，她總覺得噁心想吐，也為自己的存在感到懷疑。

每一次在學校偶遇對方，都讓她感到非常不舒服與恐懼。就這樣她在低迷及複雜的情緒中，小心謹慎度過最後一年高中。即將畢業之際，男同學卻將摸她的事情，分享在某個隱密的社群中，被流傳出來。

她沒有為此而感到羞愧，她反而覺得自己逮到了機會，她拿著截圖報警。

然而，過程沒有她想像得順利，男同學最後也沒有得到該有的懲處。她的母親始終希望她能息事寧人，不明白她為什麼要將事情鬧大。

奇妙的是，她內心的委屈，透過她為自己爭取正義的過程，得到了些許緩解。每當她看到性騷擾事件，她都能感同身受，並忿忿不平。

而這件事情，也帶給她很大的影響，她想幫助其他有類似遭遇的青少年。現在她成了律師，也像一位心理諮商師，細心地聽著每個受害者的遭遇。

她安慰著前來找她的人，就像是安慰曾經受傷害的自己。她也參與校園的相關宣導，希望孩子們能懂得保護自己。

她了解受害者不被支持的無力感，也懂那種被侵犯的恐懼，曾經的她沒有後盾，但現在的她願意成為受害者的後盾。

回想過往經歷，她感謝那時幼小的自己如此勇敢，努力為自己爭取正義，制止了可能更進一步的傷害。

當黑夜來臨，我們不能待在原地等待救援，

因為，能在夜幕中拯救我們的，只有自己。

如果，我們連為自己爭取的勇氣都沒有，

當然沒有資格怨天尤人。

只有當我們願意成為自己的英雄，

並且認可自己的存在，

才有機會在滿是玻璃碎渣的道路上，

勇敢走出自己的路。

讓愛閃著光，
揮別傷痛的寄養天使

──

「我想要當寄養媽媽。」當她說出這句話時，先生停下了手邊的工作，轉頭看向她。

「妳是認真的嗎？」

「我是認真的，我今天還去拿了培訓的資料。」她遞給先生資料，先生看著她眼睛帶著期待的光芒，自從他們的孩子走了之後，他已經很久沒有看到她露出這種神情。

她從小就很喜歡孩子，長大後成了婦產科護士，很快升遷成了護理長，但是在她生子之後，她選擇離職在家照顧孩子。

她每天形影不離的照顧著女兒，女兒也在她的悉心照顧下成長，女兒長相可愛、性格乖巧，她每次看著女兒時，眼神都帶著光芒。

女兒就像是她生命中最亮的星星，是她期盼已久的那顆恆星。她很愛女兒，無微不至的照顧著，但是，命運卻跟她

開了個玩笑。

女兒三歲時被診斷出得到先天性疾病，她積極帶著女兒配合治療，試著跟死神拔河。然而，最後還是抵不過命運的安排，女兒因病逝世。

她摸著女兒冰冷的臉龐，眼淚不能控制流下，她無法接受女兒永遠離開她的事實，最後昏厥在醫院。往後的幾年內，她都在精神恍惚與自責中渡過。

清醒時，她會不斷反省自己、不斷怪罪先生，懷疑是不是自己在懷孕中吃了什麼，或是先生曾抽過菸，才導致女兒有這樣的病。

她常常抱著女兒的衣服，恍神坐在窗邊，常常陷入在自己的想像之中，想著女兒還活著，她還可以忙著照顧女兒，還可以當一個母親。

但是，當她清醒時，看到空無一人的小孩床，看到毫無生氣的家，又會陷入到憂鬱的深淵裡，她會不能控制的流淚大吼，但也無法真正宣洩心中的痛苦。

先生帶著她去教會，試著讓她振作起來，她聽著詩歌，心

情好了一點，但是人生依然沒有盼望。

直到有一天，當女兒逝世五年之後，她逐漸從茫然中恢復，她看到寄養家庭的招募，腦海中突然有了許多畫面。

「這個世上還有很多健康的孩子，卻缺乏父母的照顧，或許我可以！」這個念頭在她腦中出現，就像給了她一盞燈、一個希望，讓她能夠繼續活下去。

她知道自己還沒有完全從女兒的離世中走出來，但是她開始積極配合心理諮商，希望能讓自己恢復健康，並能藉著過往的醫護經驗，照顧那些有需要的孩子。

她花了一年時間，漸漸的身心狀況逐漸好轉。先生也察覺到她的改變，但是一直都不知道她心中的嚮往。

直到那天，醫生准許她停掉所有憂鬱症的藥物，她的中醫師也告訴她身體狀況好轉，她才將寄養媽媽培訓的資料遞給先生。

起初，先生有些擔心她的身心負擔，也擔心來的孩子狀況不明，但是看到她情緒的穩定與眼中的光芒，先生的態度也改為支持。

終於，她迎來了第一個寄養孩子，是一名六歲大的女孩。女孩身上有許多傷痕，眼神也充滿著恐懼，她看了心裡很是不捨。

她像對女兒般對她，付出耐心跟愛心，陪伴女孩吃飯、幫她準備洗澡水、在她睡前講故事給她聽。

女孩也第一次有了被愛的感覺，在她短短六年生命中，除了被打被罵之外，她沒有太多的親情交流。

女孩跟她住了一小段時間後，開始展開笑容，就像落入凡塵的天使般，撢去身上的灰塵後，潔白無瑕的天真像鑽石一般的光芒耀眼。

之後陸續有不同的孩子來到她的家中，每個孩子都有不一樣的背景，但是，他們都有個共同點，都是缺乏愛跟長期被不當對待的無辜生命。

她對待每個孩子都像自己親生的一般，每個孩子在她的照顧下都逐漸綻放出光芒。雖然，孩子們都來來去去，但是，當他們長大後都深深記得她的溫暖。

在他們最需要愛的時候，她成了他們的母親，拉了他們一

把，讓他們不至於墮落，也不至於完全失去自我。

而她也透過在這些孩子身上付出的愛，一點一滴抹平了失去孩子的遺憾。

要揮別過往的傷痛，最好的方法是給予愛。

我們比自己想的要堅強及有價值，

只要願意無私付出，

總有一天我們能從迷茫中走出，

成為照耀他人的那盞燈。

愛的付出不一定要有血緣關係，

當你能夠給予，就能成為別人的天使。

因為愛自己，
所以要離開

—

「很抱歉，我們家做了不好的示範。」

明明她是被家暴的那一方，跟大眾道歉的卻是她。她為了形象隱忍多年，最後還是將家醜外揚了。

她是專業優秀的新聞主播，學經歷豐富、精通多國語言，氣質優雅、外貌出眾，十多年來穩坐黃金時段的新聞台。

她有看似完美的婚姻，老公多金又有才華，孩子的表現也很出眾。她的完美不僅是螢光幕前的形象，即使在同溫層之中，她也是人生勝利組。

事實上，她的生活沒有大家看到的那般美好，家庭的美滿也是偽裝的泡影，真實的她活在黑暗裡。她習慣了別人投射的羨慕眼光，要她揭開生活中那些見不得光的黑暗，她做不到。

第一次被先生咆哮，是結婚一年後發生的事情。

具體為了什麼事情發生口角，現在她已經不記得了，她只清楚記得，當先生對她發狂怒吼時，當下她的震驚與恐懼。

在那之前，先生一直都表現得溫文儒雅，沒什麼太大起大落的情緒，所以，當她面對先生截然不同的一面時，內心引起很大的波瀾。

事情過後，先生道了歉，但就像潘朵拉的盒子，有些事開了先例之後，就會有其他問題產生。

接下來，兩人只要有激烈吵架，往往都是以先生的咆哮收尾。雖然每次爭吵後先生都會認錯，還會買小禮物試著彌補關係，但是，吵架的強度一次比一次激烈，她的底線也一次又一次退讓。

「至少他願意道歉，也願意彌補，那就會有改變的可能。」

「可能他這幾年工作壓力比較大，難免會情緒失控。」每次衝突發生時，她總是這樣說服自己，試著為先生的情緒找藉口。

任何一段感情，如果需要透過編織的謊言來維持，那這段感情只活在假象中。當兩人的衝突越來越頻繁，她對這段

184

婚姻也開始迷惘起來，只是不敢跟別人分享。

她發現自己根本不了解先生，甚至懷疑過先生的間接性暴怒，是這個人的性格中，可能就有的隱性暴力，只是在關係前期隱藏起來了。

她會開始這樣懷疑，是因為有一次先生把兩歲兒子正在吃的餐點直接砸到地上。她嚇傻了，兒子也嚇到，先生卻開始摔椅子，甚至往兒子身上潑水。

至於讓先生暴怒的原因，只是兒子不願意吃青菜，這是每個孩子都會發生的小事。

她想辦法讓先生冷靜，也試著安撫兒子，但是兒子一看到先生就害怕大哭。最後她請先生先離開，到外面冷靜一下，她一個人抱著孩子默默哭泣。

「只是往地上砸，也不是往我們身上砸，代表他有在控制了。」一面掉著眼淚，她同時安慰著自己，好像只要保持正向思考，事情就會過去。

先生冷靜回來後，跪在地上道了歉，還在回來的路上買了甜食，這件事就像過往的那些爭吵一樣，又被制式化的道

歉與彌補掩蓋過去。

然而，事情卻每況愈下。

兩人的吵架次數變多，爭吵的強度也逐漸拉高。先生開始在吵架時推她、拉她，她的手上跟身上多了好幾道瘀青。她感到痛苦，但是為了孩子，為了她的形象，她都一一忍了下來。

可那些傷，即便用遮瑕膏蓋了，有時還是會被發現。孩子會問，同事也會問。

「被我兒子撞到的，你也知道，男孩子總是這樣橫衝直撞。」她笑臉迎人裝沒事，正所謂家醜不可外揚，這種事難道到處逢人就說？更何況她跟先生都是別人眼中的人生勝利組，這麼好的形象，難道要毀於一旦嗎？

而她的退讓跟隱忍，卻讓先生的黑暗面在家裡無限擴張。先生似乎也知道她愛面子，曉得她無論如何都會護住形象。

他知道，為了完整的家，不管她嘴上說過多少次離婚，都不會真的離。他也知道，只要事後送上禮物及愛意，兩人的爭吵就能翻篇過去。於是，他開始有恃無恐，對她講話越

來越不客氣，下手更用力。

當她一不如他所願，或是反駁了他的想法與決定，除了咆哮摔東西之外，更會對她動手動腳。如此，暴力形成了一種循環，而她成了不停忍讓的受害者。

每天晚上，當先生跟孩子都入睡後，她獨自消化所有的情緒跟身體的傷痕，她看不見先生對她的愛，也看不到這個家的未來，流再多眼淚，也無法讓她看得更清楚。

她明明是高知識分子，也曾經如此重視女權，可是，現在她卻成了一個什麼都做不了的弱者。

她的長期抑鬱造成失眠，也間接影響到工作，導致白天需要補充巨量咖啡因提神。而過量的咖啡因攝取跟長期的壓力，也造成了身體的問題，時不時就會心悸，跟莫名的心慌感，讓她頭暈。

特別當她在報導與暴力相關的新聞時，她的思緒會被牽動，情緒會瞬間回到被施暴的情境中，手會不自覺顫抖。

愛她的兒子一直將這一切看在眼裡。

有一天，當她跟先生爭吵後，先生將她壓在地上毆打，事

後她很不舒服在家躺了一天。兒子在床邊一直默默照顧著她，很害怕她會一覺不醒，就打了電話給外公外婆求救。一直到此刻，她被長期家暴的事情，才被家裡的人知道。當她醒來時，看到在床邊的父母，看著他們的眼神，她感到很愧疚。

父母年紀這麼大，還要為自己流淚擔心，而哭的不只是他們，也有已經七歲的兒子。兒子長到這麼大了，這些年來，因為她的退讓跟懦弱，讓他長期活在暴力的家庭陰影之中。

「妳是我們的女兒，他竟然做這樣的事，太過分了！」

「不要再忍了，離婚吧！」

「媽媽，我們很愛妳，能不能為了我們，妳好好愛自己。」

她以為只要自己承擔、默默忍耐，心愛的人就不會受到影響，事情也會過去。但是，當她看到愛著自己的父母及兒子，她發現她錯了，她不愛惜自己其實也會傷害到他們。

於是，在經歷好幾年的家暴之後，她第一次勇敢的去醫院驗傷。她終於認真與律師溝通離婚協議書的內容，並將協議書遞給先生。

任憑先生下跪道歉，跟各種彌補與補償，她都不再動搖。
她要離開他，帶著孩子，帶著自尊，重新走回自己的人生
軌道。

她原本以為，社會大眾會恥笑她，大家會冷眼旁觀，甚至
酸言酸語。

但是，她沒想到消息一出，她收到很多女性觀眾的支持。
甚至有同樣被家暴的婦女傳訊息給她，她們都有同樣的經
歷。她感到欣慰，也感謝愛她的家人給她勇氣，以及當初
自己勇敢的決定。

人與人相處，難免會有意見相左的時候。

可怕的不是衝突本身，而是用暴力解決。

有些人害怕衝突，寧願選擇逃避的方式。

然而，問題從不會消失，

你越害怕面對，事情只會加劇。

正視問題本身，不委屈自己接受錯誤的對待方式，

因為，我們都值得被好好愛惜、公平以對。

心靈筆記

做自己的微光
讓心底的傷緩緩開出一朵花

作　　　者　張恩嬅
插　　　畫　蕭宜蕃
責任編輯　呂增娣、錢嘉琪
校　　　對　張恩嬅、魏秋綢
封面設計　劉旻旻
內頁設計　劉旻旻
副總編輯　呂增娣
總　編　輯　周湘琦

董　事　長　趙政岷
出　版　者　時報文化出版企業股份有限公司
　　　　　　108019 台北市和平西路三段 240 號 2 樓

發　行　專　線　(02)2306-6842
讀者服務專線　0800-231-705　(02)2304-7103
讀者服務傳真　(02)2304-6858
郵　　　　撥　19344724 時報文化出版公司
信　　　　箱　10899 臺北華江橋郵局第 99 信箱

時 報 悅 讀 網　http://www.readingtimes.com.tw
電子郵件信箱　books@readingtimes.com.tw
法 律 顧 問　理律法律事務所　陳長文律師、李念祖律師
印　　　　刷　華展印刷有限公司
初 版 一 刷　2024 年 9 月 13 日
定　　　　價　新台幣 420 元

（缺頁或破損的書，請寄回更換）

做自己的微光 讓心底的傷，緩緩開出一朵花
/ 張恩嬅著 .-- 初版 .-- 臺北市 : 時報文化出版
企業股份有限公司 , 2024.09
　　面；　公分
ISBN 978-626-396-681-9(平裝)

1.CST: 自我實現 2.CST: 生活指導 3.CST: 成功法
4.CST: 女性

177.2　　　　　　　　　　　　113012135

ISBN 978-626-396-681-9
Printed in Taiwan.

時報文化出版公司成立於 1975 年，並於 1999 年
股票上櫃公開發行，於 2008 年脫離中時集團非屬
旺中，以「尊重智慧與創意的文化事業」為信念。

做自己的微光，
讓心底的傷，緩緩開出一朵花

做自己的微光，
讓心底的傷，緩緩開出一朵花